KB105363

비즈니스맨의 필수 교양

행동경제학

비즈니스맨의 필수 교양

행동경제학

사가라 나미카 행동경제학 박사·미국 행동경제학 컨설턴트

잇북
it BOOK

행동경제학만큼 비즈니스맨에게 '멋들어진 학문'은 없다.

현재 전 세계 비즈니스계에서는
행동경제학의 영향력이 점점 강해지고 있다.

지금, 전 세계 초일류 기업에서 '행동경제학을 배운 인재'의
영입 쟁탈전이 벌어지고 있다.

한 사람의 인재를 영입하기 위해 수억 원의
자금이 동원되고,
기업에는 '행동경제학 팀'까지 설치되고 있다.

게다가 비즈니스계의 요청을 받은 전 세계 명문 대학교들이
'행동경제학부'를 개설하기 시작했다.

MBA와 같이 일단 사회에 진출한 비즈니스맨이
행동경제학을 배우고 있다.

어느새 행동경제학은
'비즈니스맨이 지금, 가장 먼저 익혀야 할 교양'이 된 것이다.

그러나 행동경제학은 새로운 학문인 탓에
지금까지 체계화되지 않았다.

이론을 하나하나 통째로 암기할 수밖에 없기에
좀처럼 '본질'을 파악할 수 없었다.

그래서 이 책에서는 기초지식을 갖춘 후에
'넛지 이론'
'시스템 1 vs 시스템 2'
'프로스펙트 이론'
'불확실성 이론'
'신체적 인지'
'어펙트'
'파워 오브 비코즈'까지

'주요 이론'을 처음으로 체계화한다는,
지금까지는 없던 방법으로 행동경제학을 해설한다.

행동경제학이 최강의 학문이다!

지금 전 세계의 비즈니스 엘리트가 모두 배우는 것이 '행동경제학'

구글, 아마존, 넷플릭스…….
세계 초일류 기업들이 '행동경제학 팀'을 신설하고 있다

갑작스러운 질문이지만 여러분은 '행동경제학'이라는 학문에 대해 어떤 이미지를 갖고 있는가?

"경제학의 한 분야?"
"비주류라는 인상이 강하다."
"나와는 상관없는 것 같다."

이런 말들이 오가는 것 같다.

그러나 실은 행동경제학이 '지금 전 세계 비즈니스계가 가장 주목하고 있는 학문'이라면 놀랍지 않은가?

"행동경제학이야말로 비즈니스맨의 필수 교양이다."

지금 전 세계에서는 이런 말이 연신 들려오고 있다.

현재 전 세계의 초일류 기업이 모두 행동경제학을 도입하기 시작했다. 많은 기업이 '행동경제학 팀'까지 설치하기 시작한 것이다(도표 1).

구글, 아마존, 애플, 넷플릭스 등 빅테크 기업을 비롯해 맥킨지, 델로이트 등의 컨설팅 회사, JP 모건 등 금융계 기업. 존슨앤드존슨 등의 제조업부터 월마트와 같은 소매업, 그리고 미국 연방 정부나 WHO, 세계은행과 같은 공적 기관까지 그 영향은 광범위한 분야로 확대되고 있다.

그리고 그것은 부지불식간에 우리에게도 영향을 주고 있다.

구체적으로는 서장 이후에 소개하겠지만, 예를 들어 아마존은 상품 페이지에서 '앵커링 효과(Anchoring Effect)'라는 행동경제학 이론을 이용해 우리의 구매욕이 무의식적으로 솟아나게 했고, 넷플릭스는 '디폴트 효과(Default Effect)'라는 이론을 구사하여 우리가 자연스럽게 영상 콘텐츠를 시청하도록 유인하고 있다.

|도표 1| 행동경제학을 비즈니스에 도입한 '글로벌 기업'

구글	맥킨지앤드컴퍼니	푸르덴셜 파이낸셜
아마존	델로이트	JP 모건
애플	PwC 컨설팅	월마트
넷플릭스	다농	존슨앤드존슨
메타(구 페이스북)	코카콜라	마스터카드
마이크로소프트	ING 그룹	나스닥
에어비앤비	AIG	블랙록
우버	노바티스	Swiss Re Group
Spotify	nest	Betterment
CVS Pharmacy	Indeed.com	Allianz Global Investors

출전: "Example Companies Involved with Behavioral Economics", Stephen Shu, PhD Official Website, July 1, 2018을 기초로 작성

또 구글은 '확증 편향(Confirmation Bias)'이라는 이론을 토대로 채용 면접을 실시함으로써 정말로 훌륭한 인재를 선별하고 있다.

이들 기업 중에는 COO(최고 집행 책임자)나 CMO(최고 마케팅 책임자) 등과 함께 CBO(최고 행동 책임자)를 두는 기업조차 생기기 시작했는데, 이런 것에도 '전 세계 기업이 행동경제학에 얼마나 주목하고 있는지' 가 나타나 있다.

미국의 구인 시장에서 높아지는
'행동경제학의 열기'

고등학교 졸업과 동시에 미국으로 건너간 나는 오리건 대학교에서 행동경제학을 처음 접한 것을 계기로 동 대학교의 대학원과 경영대학원에서 행동경제학을 배웠다. 일본인 중에선 드문 '행동경제학의 박사 학위 취득자'다.

졸업 후에는 굳이 연구자의 길을 선택하지 않고 미국과 유럽을 중심으로 금융, 헬스케어, 제약, 자동차, 테크놀로지, 마케팅 등 폭넓은 업계의 기업에 '행동경제학을 어떻게 비즈니스에 도입하는가'에 대해 컨설팅하고 있다.

미국은 클라이언트의 이름을 밝히는 것에 매우 엄격하기 때문에 분명하게 말할 수는 없지만, 지금까지 컨설팅해온 기업은 여러분이 아는 세계적인 유명 기업부터 중소기업까지 다방면에 걸쳐 있고, 관여한 프로젝트는 100건이 넘는다.

또 예일, 스탠퍼드 등의 대학교나 기업, 국제적인 기조 강연 등에 초빙되어 행동경제학을 널리 보급하는 데 일조했고, 연 1,000명이 넘는 사람들에게 행동경제학을 가르쳐왔다. 어느덧 그럭저럭 20년 가까이 전 세계의 최일선에서 행동경제학과 관련된 일에 종사한 셈이다.

다시 본론으로 돌아가면 비즈니스계에서 행동경제학에 대한 주목도가 높아지자 지금 미국에서는 행동경제학을 배운 인재를 구하는 기업이 급격하게 늘어나고 있다.

"만약 행동경제학을 전공하지 않았다면 구글 같은 대기업엔 절대로 취직할 수 없었을 것이다."

이렇게 말한 사람은 펜실베이니아 대학교 대학원에서 행동경제학을 전공한 내 친구다.

미국의 기업에서 지금 실제로 일어나고 있는 일은 '행동경제학을 전 공한 학생의 쟁탈전'이다. 나의 대학원 시절 동기 중 대부분은 교수로 서 학계에 정착했지만, 취업을 선택한 동기 중 대다수는 FAANG (Facebook, Apple, Amazon, Netflix, Google)에서 일하고 있다.

또 시험 삼아 구글 검색창에 'Behavioral Economics job(행동경제학 일)'이라 입력하고 검색된 9개월분의 정보량 중 2012년과 2022년을 비교해보았더니 2012년엔 2만 3,800건이 검색되었고, 2022년엔 2,730만 건이 검색되어 10년 만에 1,147배가 되었다.

구인 정보 자체뿐만이 아니라 '행동경제학 일'이라는 것에 급격하게 관심이 높아졌다고 할 수 있을 것이다. 내가 대학원생이던 2000년대 후반에는 행동경제학 관련 학회에 가도 참가자는 고작 수십 명. 불과 20년도 되지 않은 사이에 상황은 격변했다.

지금까지 행동경제학을 전공한 인재의 고용에 몇 차례나 관여해왔지만, 지금 행동경제학의 박사 과정을 이수한 사람을 채용한다면 첫해 연봉은 최저 1,500만 엔(한화 약 1억 4,000만 원). 교수를 컨설턴트로 고용하면 '시급 30만 엔(한화 약 270만 원)'인 경우도 있다.

'교수를 컨설턴트로 고용한다고?'

이상하게 생각할지도 모르지만, 미국에서는 종종 있는 일로 새로운 사업 계획을 세우거나 창업하고 싶을 때는 전문가를 학계에서 초빙한다.

내가 전에 신세를 진 교수 중에도 애플이나 마이크로소프트에 스카우트된 예도 있고, 유명 대학교의 교수가 되면 서로 데려가려고 전쟁을 불사하는 일도 드물지 않다.

하버드, 펜실베이니아, 카네기…….
'행동경제학부'가 속속 신설

본래 대학교의 역할은 '사회에서 활약할 수 있는 인재'를 키우는 것이다. 특히 미국의 대학교는 사회에서 수요가 높아지고 있는 '지식'이나 '기술'을 적극적으로 프로그램에 도입하는 경향이 있다. 심지어 '학부'가 새로 생기게 되면 수요가 상당히 높다는 것을 의미한다.

|도표 2| 행동경제학을 배울 수 있는 '세계의 대학교'

대학명	학위/연구실	대학명	학위/연구실
하버드 대학교	석사 학위·박사 학위	유니버시티 칼리지 런던	석사 학위
매사추세츠 공과대학교	박사 학위	펜실베이니아 대학교	학사 학위
캘리포니아 대학교 로스앤젤레스(UCLA)	박사 학위	카네기멜런 대학교	학사 학위
캘리포니아 공과대학교	박사 학위	남 캘리포니아 대학교	학사 학위
시카고 대학교	박사 학위	드렉셀 대학교	학사 학위
캔자스 대학교	박사 학위	예일 대학교	연구실
세인트루이스 워싱턴 대학교	박사 학위	스탠퍼드 대학교	연구실
메릴랜드 대학교	박사 학위	캘리포니아 대학교 샌디에이고 (UC San Diego)	연구실
에라스무스 로테르담 대학교	박사 학위	캘리포니아 대학교 버클리 (UC Berkeley)	연구실
코넬 대학교	석사 학위	컬럼비아 대학교	연구실
펜실베이니아 대학교	석사 학위	뉴욕 대학교	연구실
런던 스쿨 오브 이코노믹스	석사 학위	오리건 대학교	연구실

※경영대학원과 연구실도 포함

　지난 수년간 비즈니스계에서 행동경제학의 주목도가 높아지는 것과 함께 경영대학원이 커리큘럼에 적극적으로 도입하게 되었고, 게다가 전 세계 대학교에서 '행동경제학부'를 개설하는 움직임까지 활발해졌다(도표 2 ※일본의 대학교 시스템과는 달라서 경영대학원과 연구실도 포함했다).

　구체적으로는 하버드, 예일, 펜실베이니아, 코넬, 컬럼비아 등 소위

'아이비리그'를 비롯해 시카고, 키네기멜린, 스탠퍼드 등에서 행동경제학을 배울 수 있게 되었다.

이들 대학교의 석사 과정에서 특징적인 것은 사회에 진출해 커리어를 쌓고 나서 대학교로 돌아가 행동경제학을 배우는 사람들이 많다는 것이다. 예를 들어 내가 어드바이저를 맡고 있는 펜실베이니아 대학교의 행동경제학 석사 학위의 50~90%는 직장 생활의 경험이 있는 사람들이다.

전 세계의 비즈니스계에서 사람들이 모여들고, '행동경제학을 더 나은 커리어로 연결할 수 있다.'는 목표의식이 점점 강해지고 있는 것이다.

그리고 이들 유명 대학교와 유명 기업이 손을 잡고 행동경제학을 연구하고 있는데, 예를 들면 예일 대학교는 구글, 메타, IBM 등과 공동으로 연구하고 있다. 그 정도로 행동경제학이 사회적으로 중시되고 있다는 것을 나타내고 있다.

왜 행동경제학이
'최강의 학문'인가?

그럼, 왜 전 세계의 비즈니스 엘리트들은 행동경제학을 배우려고 하는 걸까? 그것은 '경제(활동)'란 '인간의 행동'의 축적이고, 그렇기에 '인간의 행동'을 이해하는 것이야말로 중요하기 때문이다.

BtoB 기업이든 BtoC 기업이든 당신 기업의 고객은 두말할 필요 없이 '인간'이고 당신 주위의 상사나 동료, 거래처 사람도 모두 '인간'이다. '경제(활동)'란 결국 이러한 '인간 행동의 연속'으로 성립되는 것이다.

그런 '경제(활동)'에서의 '인간의 행동'의 메커니즘을 해명하는 학문. 그래서 '행동경제학'이라는 이름이 붙은 것이다.

중요한 것은 '인간은 왜 그렇게 행동할까?'를 이해한다는 점이다. 그저 단순히 '어떤 인간이 A를 하고 B는 하지 않았다.'라는 과거의 '행동 이력'만으로는 대책을 끌어내는 것이 어렵지만, '왜 B는 하지 않았을까?'를 이해하면 '그럼 어떻게 하면 B를 하게 할 수 있을까?'를 끌어낼 수 있다.

이처럼 '인간은 왜 그렇게 행동할까?'를 직감이나 주관적 판단이 아니라 '사이언스', 즉 '실험으로 증명된 인간의 학설'로서 이론화한 것이 행동경제학이다.

결국, 비즈니스의 핵심은 '인간의 행동을 바꾸는 것'이다. 실제로 이러한 '왜?'를 이해하고 앞으로 소개할 프레임워크를 구사하여 '수천만 명, 수억 명의 사람들을 한 번에 움직인' 사례도 세계 각국에서 볼 수 있다.

이 '압도적인 임팩트'야말로 '행동경제학이 최강의 학문'이라 할 수 있는 이유이고, 이것을 깨달았기 때문에 전 세계의 엘리트들은 모두 행동경제학을 배우고 있는 것이다.

'주요 이론'을
처음으로 체계화한 입문서

　그러나 종래의 행동경제학에는 결점이 있었다. 새로운 학문이기에 체계화가 이루어지지 않았던 것이다(도표 3).

　행동경제학은 '인간의 행동'을 이해하는 이론의 집합인데, 분야나 카테고리가 나뉜 것이 아니라 혼재하고 이론 간의 연결고리도 없다.

　그러니 행동경제학을 배우려고 생각했다면 각각의 이론을 그저 단편적으로 전부 암기할 수밖에 없고, 그로 인해 좀처럼 '본질'을 파악할 수 없었다. 실제로 나에게도 "정리가 안 돼서 이해하기 어렵다." "결국 행동경제학이 뭡니까?"라는 목소리가 끊이지 않고 들려오는 실정이다.

　그래서 이 책에서는 도표 4의 '새로운 학습법'을 제안한다. 자세한 것은 서장에서 다루겠지만 '행동경제학의 본질'을 명백하게 밝히는 것과 함께 그 본질을 이해하기 위한 '세 가지 카테고리'를 마련하여 각각의 이론을 분류하는 것으로 체계화했다.

　특히 이 책은 '처음으로 행동경제학을 배우는 독자'를 전제로 행동경제학의 '기초지식'부터 '주요 이론'까지 한 권으로 망라하고 있다. 이

|도표 3| 종래의 '행동경제학' 학습법

확장-구축 이론　심리적 통제　　불확실성 이론
계획의 오류　정보 과부하　프레이밍 효과　넛지 이론
비유창성　미끼 효과　앵커링 효과　절제 편향　프라이밍 효과
신체적 인지　심리적 소유감　부정적인 어펙트　목표 구배 효과
계열 위치 효과　　심리적 회계　경계 효과　진리의 착오 효과
캐시리스 효과　　긍정적인 어펙트　　　　단순 존재 효과
어펙트　시스템 1 vs 시스템 2　확증 편향　　해석 수준 이론
쾌락 적응　감정 이입의 간극　파워 오브 비코즈　개념 메타포
핫핸드 효과

체계화되어 있지 않고 혼돈과 '이론'을 나열할 뿐

| 그저 전부 암기······ | 본질을 파악할 수 없다······ |

|도표 4| 이 책의 '행동경제학' 학습법

- 계획의 오류　　　· 진리의 착오 효과　　· 쾌락 적응　　　· 절제 편향
- 시스템 1 vs 시스템 2　· 핫핸드 효과　　　· 신체적 인지　　· 확증 편향
- 개념 메타포　　　· 심리적 회계　　　· 해석 수준 이론　· 비유창성

인지의 버릇

- 프레이밍 효과
- 미끼 효과
- 넛지 이론
- 앵커링 효과
- 프라이밍 효과
- 계열 위치 효과
- 감정 이입의 간극
- 단순 존재 효과
- 파워 오브 비코즈
- 정보 과부하

비합리적인
의사결정 메커니즘
=행동경제학의 본질

상황　　**감정**

- 어펙트
- 긍정적인 어펙트
- 부정적인 어펙트
- 심리적 통제
- 확장-구축 이론
- 불확실성 이론
- 심리적 소유감
- 경계 효과
- 목표 구배 효과
- 캐시리스 효과

행동경제학을 '처음으로 정리하고 체계화'

한 권만 읽으면 비즈니스맨으로서 알아두고가 히는 헹동경세학의 '교양'을 한 번에 익힐 수 있다.

한편 이미 배운 적이 있는 분도 행동경제학의 본질부터 다시 이해하고 지식을 체계화함으로써 이해도가 압도적으로 깊어질 것이다.

이 책을 통해 꼭 '행동경제학의 세계'로 들어오는 문을 열어보길 바란다.

행동경제학 박사

미국 '행동경제학' 컨설턴트

사가라 나미카

차 례

'종래의 행동경제학'은 체계화되어 있지 않다

행동경제학을 '처음으로 정리·체계화'한 입문서

'오감'도 인지의 버릇이 된다

'시간'도 인지의 버릇이 된다

제2장

상황
처한 '상황'이 인간의 의사결정에 영향을 준다

인간은 '상황에 의해 결정한다'

'너무 많은 정보'가 인간의 판단을 어지럽힌다

'너무 많은 선택지'로 인해 아무것도 선택할 수 없게 된다

'무엇'을 '어떻게' 제시하느냐로 인간의 판단이 달라진다

'언제'를 바꾸는 것만으로 인간의 판단이 달라진다

제3장

감정
그때의 '감정'이 인간의 의사결정에 영향을 준다

'통제감'도 인간의 판단에 영향을 준다

'불확실성'도 인간의 판단에 영향을 준다

에필로그

당신의 '일상을 둘러싼' 행동경제학

'자기 이해·타인 이해'와 행동경제학

'지속 가능성'과 행동경제학

'DEI'와 행동경제학

서장

이 책과 소위
'행동경제학 입문'의 차이

　서장의 첫머리에서는 행동경제학을 처음 배우는 사람을 위해 '도대체 행동경제학이란 무엇인가?' '왜 생겼는가?'와 같은 기본적인 지식부터 해설한다. '경제학'과 '심리학'이 융합해서 생긴 새로운 학문은 어떻게 탄생한 걸까? 세 명의 노벨상 수상자와 대표적인 이론을 기초로 설명한다.

　그렇게 토대가 되는 행동경제학의 개요를 소개한 후에 '종래의 행동경제학 학습법'의 문제점과 그것을 극복한 '이 책의 행동경제학 학습법'을 보다 구체적으로 해설한다.

　이것이 서장의 전체적인 모습이다.

　본래 학문이라는 것은 몇 가지 분야로 나뉘고, 체계화가 되어 있기마련이다. 예를 들어 '경영학'이라면 '경영학'이라는 하나의 학문에서다시 '경영전략' '마케팅' '회계' '파이낸스' '사람·조직' '오퍼레이션'등의 분야로 나뉘고, 세부적인 이론은 어느 한 분야로 정리되어 우리가 쉽게 이해할 수 있다.

　그러나 이것은 '경영학'이 오랜 역사를 갖고 있기에 가능한 일이다.

왜냐하면 '학문의 체계화'라는 것은 오랜 세월 동안 다양한 논의를 거쳐 이루어지는 것이기 때문이다. 그렇기에 새로운 학문일수록 아직 정리가 되지 않은 혼돈한 상태에 있는 것이다.

행동경제학이 그 대표적인 예다. 프롤로그의 도표 3(p22)과 같이 '인간의 행동'을 이해하기 위한 '이론 자체'는 만들어져왔지만, 그것들을 정리하는 '카테고리 분류'는 이루어지지 않았다.

그럼, 지금까지 행동경제학을 배우는 사람들은 어떻게 했을까? 그저 하나하나의 이론을 단편적으로 배운 것이 현실이다. 이런 방법으로는 도저히 이해도가 깊어질 수 없으므로 '본질을 파악할 수 없어…….' '재미없어…….'가 되어버리는 것이다.

그래서 이 책에서는 우선 '행동경제학의 본질'을 명백하게 밝히고, 그 본질을 기초로 행동경제학을 '인지의 버릇' '상황' '감정'의 세 가지 카테고리로 분류하여 각 이론을 정리했다. 그것이 프롤로그의 도표 4(p22)다.

내가 가르치는 학생들에게도 이 접근 방법은 매우 효과적이었다. 실제로 "행동경제학이 이렇게 재미있었군요."라는 말을 수없이 들었다.

그럼, '행동경제학의 본질'이란 무엇인가?

바로 '인간의 '비합리적인 의사결정의 메커니즘'을 해명하는 학문'이다.

'어라? 조금 전만 해도 행동경제학은 '인간의 행동'을 이해하는 학문이라고 말하지 않았나?'

이런 생각이 들었어도 안심하길 바란다. 인간의 행동이라는 것은 의식적이든 무의식적이든 의사결정을 한 결과 생기는 것이다. 당신의 뇌가 무언가를 하려고 의사결정을 했기 때문에 그 무언가를 실행에 옮긴다. 그리고 인간이란 늘 합리적으로 행동하는 것은 아니다. 오히려 인간이란 '비합리적인 행동'만 하고 마는 생물.

그러므로 '인간의 행동'을 이해하는 것은 다시 말해서 인간의 '비합리적인 의사결정'을 이해하는 것이다. 서장에서 순서에 따라 설명하겠다.

그런데 여기서 인간이 자기도 모르게 '비합리적인 행동(의사결정)'을 하고 마는 것을 실감할 수 있도록 퀴즈 하나를 낸다.

아래와 같이 젤리가 들어 있는 유리병 두 개가 있다.

각각 하얀색 젤리와 빨간색 젤리가 들어 있고, A에는 합계 100개 중 91개가 하얀색이고 9개가 빨간색. B에는 합계 10개 중 9개가 하얀색이고 1개가 빨간색 젤리가 들어 있다.

한 사람이 하나씩 순서대로 젤리를 꺼내는데 '먼저 빨간색 젤리를 꺼내면 돈을 받는' 게임을 한다고 하자. 유리병 A와 B 중 어느 쪽부터 꺼내도 상관없다.

당신이 첫 번째로 꺼내게 되었다.

자, A와 B 중 어느 쪽 유리병부터 꺼내겠는가?

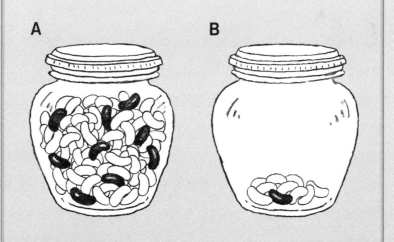

A   B

도대체 행동경제학은 '왜 생긴' 걸까?

자, 당신은 A와 B 중 어느 쪽을 선택했는가?

결론부터 말하면 많은 사람이 A를 선택했다. 그러나 실은 B를 선택하는 게 합리적이다.

왜냐하면 A에는 100개의 젤리가 들어 있고 빨간색은 그중 9개. 그러므로 빨간색을 꺼낼 확률은 9%이다.

한편, B에는 10개의 젤리가 들어 있고 빨간색은 그중 1개. 그러므로 빨간색을 꺼낼 확률은 10%이므로 A보다 높은 확률이다.

그런데도 참가자 중 60% 이상이 A를 선택한다는 실험 결과가 나왔다. 그것은 인간이 '확률'보다도 빨간색 젤리의 '개수' 자체에 시선을 빼앗겨서 합리적인 확률을 기준으로 선택하지 않기 때문에 '빨간색이 더 많은 쪽이 빨간색을 꺼낼 수 있을 것 같다.'라고 9개가 들어 있는 A를 선택해버리는 것이다.

냉정하게 생각하면 알 수 있는데 잘못된 판단을 내린다. 이것이 실제 인간이라는 것이다.

이처럼 인간이란 '비합리적인 행동(의사결정)'만 하는 생물. 그런 '비합리적인 인간이 왜 비합리적인 행동을 하는지'를 이해하는 것이 행동경제학이다.

우선은 그 개략부터 살펴보자.

'경제학'과 '심리학'의
멋들어진 결혼

'경제학'과 '심리학'이 융합한 학문. 그것이 행동경제학이다.

'경제학'이란 도대체 어떤 학문일까? 경제학은 '경제활동을 하는 데 있어서 '인간의 행동'을 해명하는 학문'이다. 돈이 움직이는 '경제'라는 틀 속에서 인간은 어떻게 행동하는지, 그것은 왜 그런지를 밝히고 이론화한다.

'그런데 그건 행동경제학의 정의가 아니었나?'

이렇게 생각했다면 날카로운 지적이다.

그렇다. 원래 행동경제학이 생기기 전부터 '경제활동을 하는 데 있어서 '인간의 행동'을 과학하는 학문'은 있었다. 그것이 경제학이었다. 그런데도 왜 굳이 행동경제학이 생긴 걸까.

그것은 전통적인 경제학으로는 모든 '인간의 행동'을 해명하기에는 한계가 있었기 때문이다. 자세한 것은 나중에 이야기하겠지만 인간은 늘 '합리적으로 행동한다'는 것이 전통적인 경제학인데, 여기엔 '인간은 비합리적인 생물'이라는 대전제가 빠졌다.

실제로 우리 인간은 빈번하게 '비합리적인 행동'을 한다. 살을 빼고 싶을 때 합리적인 생각은 건강식인 A런치를 주문하는 것인데, 살이 찐다는 것을 알면서도 자극적이고 기름진 B런치를 주문해버린다. 노후를 대비하기 위해 돈을 모으는 게 좋다는 것을 알면서도 무의식중에 마트의 계산대 부근에 진열된 상품을 '충동 구매'하는 쓸데없는 지출을 하고 만다.

경제학은 인간을 연구 대상으로 삼고 있음에도 이러한 '비합리적'인 인간의 '심리적인 측면'이 고려되지 않았던 것이다.

그래서 경제학에는 부족했던 인간의 '심리적인 측면'을 추가할 필요가 생겼다. 그것이 심리학이다. 두 가지 학문의 융합으로 행동경제학이 탄생하여 경제활동을 하는 데 있어서 '인간의 행동' 전반을 해명하

| 대니얼 카너먼 | 로버트 실러 | 리처드 탈러 |

는 것이 가능해진 것이다.

이와 같은 행동경제학은 20세기 중반 이후로 급속하게 발전을 이룬 새로운 학문으로 세 명의 노벨상 수상자를 배출했다.

2002년 '행동경제학의 아버지'라 불리는 대니얼 카너먼이 노벨 경제학상을 수상. 함께 연구하던 에이모스 토벨스키는 안타깝게도 사망했지만, 만약 생존해 있었다면 두 사람 모두 수상했을 것이다.

이스라엘 태생의 심리학자인 카너먼은 캘리포니아 대학교 버클리에서 박사 학위를 취득한 후 주로 미국에서 연구 활동을 이어가다 1979년 '프로스펙트 이론'을 발표. 나중에 자세히 설명하겠지만 '인간의 의사결정은 비합리적이다.'라는 그의 획기적인 주장은 지금도 행동경제학의 핵심을 이루는 이론이다.

다음으로 등장하는 행동경제학의 스타는 2013년에 노벨 경제학상을 수상한 로버트 실러. 경제학자인 그는 거품 경제를 '비이성적인 과열'이라고 지적했다. 종래의 경제학처럼 과거의 데이터를 수학적으로 분석하는 것만으로는 시장을 이해할 수 없고, 주식의 동향에는 '사람들의 심리상태'가 영향을 준다는 실러의 이론은 행동경제학이 틀림없다.

그리고 행동경제학과 관련된 다음 노벨상 수상자는 '넛지 이론'을 확립한 경제학자인 리처드 탈러로 2017년에 노벨 경제학상을 수상했다. 카너먼의 '프로스펙트 이론'을 경제학과 다시 연결했고, 행동경제학을 보급시켰다. 물론 다른 많은 연구자도 같은 논문을 발표했지만, 그는 칼럼이나 서적을 집필하여 일반 비즈니스맨에게까지 행동경제학을 보급시킨 대표적인 인물이다.

이처럼 급속도로 사람들의 주목을 모은 행동경제학이지만, 내가 박사 과정을 밟는 학생이던 2000년대 후반에는 '행동경제학(Behavioral Economics)'이라는 용어 자체가 아직 정착되지 않고 '의사결정 심리학(Judgment and Decision Making)'이라 불렸다. 카너먼도 1991년에 출판한 학술 논문에서 '행동경제학'이 아니라 "토벨스키와 1969년에 'Judgment and Decision Making'의 연구를 시작했다."라고 말한 것으로 봐서 당시엔 아직 '의사결정 심리학'이라 불렸던 것으로 보인다.

그런데 2010년 이후로 '행동경제학'이라는 용어가 눈 깜짝할 사이에 사람들의 주목을 받게 되었다.

전통적인 경제학으로는
'인간의 행동'을 해명할 수 없다

- '행동경제학의 아버지'인 카너먼과 토벨스키는 심리학 전문가
- 실러와 탈러는 경제학 전문가

행동경제학이 '경제학'과 '심리학'의 융합인 것은 이것만 봐도 분명한 사실이다.

카너먼은 심리학 중에서도 '의사결정 심리학'에 주목하여 '인간의 의사결정의 비합리성'을 지적. 법칙대로는 되지 않는 애매하고 변하기 쉬운 인간 심리를 경제학에 적용한 것이다.

그럼, 경제학과 행동경제학의 관계성은 어떤 것일까? 매우 간단한 개요를 정리해본다.

당초 현재 경제학의 기본은 18세기에 애덤 스미스에 의해 확립되었다. 그는 저서 《국부론》을 통해 이렇게 주장했다.

"시장 경제에 있어서 각 개인이 자기의 이익을 추구하면 결과적으로 사회 전체에서 적절한 자원 배분이 달성된다."

이것이 자본주의 경제의 중심에 있는 '시장'에 대한 스미스의 생각

이고, 설령 편향이 생겨도 '신의 보이지 않는 손'이 작용하여 제대로 조정된다고 했다.

또 《국부론》보다 먼저 쓰인 《도덕감정론》에서 스미스는 "인간에게는 다양한 격정이 있는데 공감하는 능력이 있다. 의무와 도덕을 알면 올바른 행동을 할 수 있다."라고 주장했다.

이러한 사고방식을 가진 '경제학의 아버지 스미스'의 사고방식을 이어받은 경제학은 '시장의 메커니즘 속에서 움직이는 인간도 항상 이성적이고 올바른 판단을 내린다.'라는 전제로 구축되어 있다.

그 후 복잡화하는 시장의 메커니즘을 해명하려고 미시경제학, 통계학, 금융공학 등이 생겼지만 경제학 연구가 목적하는 바는 수학, 즉 철저한 '합리성'의 세계다.

그러나 18세기든 현대든, 시대를 불문하고 시장 경제는 완전하게 합리적이지 않은 것을 우리는 경험을 통해 느꼈다. 이유는 간단하다. 시장 경제 속에는 인간이라는 '비합리적인 존재'가 있기 때문이다. 또 안타깝게도 모든 인간이 의무와 도덕을 동시에 갖추고 있는 것이 아니다. 게다가 '알고도 틀린다'는 것은 새삼 설명할 것까지도 없을 것이다.

"합리적인 개인을 전제로 하는 전통적인 경제학에는 한계가 있다."

그래서 인간을 이해하기 위해 생긴 심리학을 경제학에 융합시킨 '행동경제학'이 생긴 것은 앞에서도 설명한 바와 같다.

행동경제학이 꽃피운
'Save More Tomorrow 플랜'

행동경제학이 급속도로 보급된 것은 '사회적 니즈'와 딱 맞아떨어졌기 때문이기도 하고 '경제학으로는 해결할 수 없는 것을 메웠기 때문'이라고도 할 수 있다.

예를 들어 행동경제학이 생기기 전에 정부나 기업은 새로운 정책이나 프로젝트를 계획할 때 경제학자에게 조언을 구했다. 분명 '합리성'에 근거한 귀중한 의견이 나왔지만, 현실과 동떨어지는 경우도 종종 있었다.

그런 와중에 행동경제학을 이용해 획기적인 조언을 한 것이 앞에서 말한 탈러와 공동연구자인 슐로모 베나르치이다. 가장 유명한 것이 '미래를 위해 저축을 늘리는 Save More Tomorrow 플랜', 줄여서 '스마트(SMarT) 플랜'으로, 행동경제학을 일반인들에게 널리 알리는 계기가 되었다. 개략적인 내용을 소개한다.

일본에서는 20세 이상의 전 국민이 국민연금에 자동으로 가입되고, 회사원은 후생연금에도 가입된다. 즉, 자신의 의지와는 상관없이 급여 공제로 연금을 납부한다.

한편, 미국의 연금은 '자신의 의지로 가입한 사람이 받는 구조'다. 그 때문인지 미국 인구조사국에 따르면 55세부터 66세의 남녀 중 50%

가 퇴직 후를 대비한 저축이 없다는 너무나 충격적인 결과가 나왔다.

물론 대기업은 확정 갹출형 연금을 도입하고 있다. "적립액이 많을수록 장래 받을 수 있는 연금이 많아진다."라고 기업 측은 종업원들에게 적립액을 늘리도록 권장하지만, 좀처럼 연금에 가입하지 않는 사람, 가입해도 연금액을 늘리지 않는 사람이 많다는 것이 현실이다.

"적립하는 것이 장래의 자신을 위하는 일이 될 텐데 왜 적립하지 않을까?"

합리적인 개인을 전제로 하는 전통적인 경제학으로는 해결할 수 없는 이 의문에 대답해주는 것이 행동경제학이다.

1. 이너셔(Inertia＝관성): 인간에게는 귀찮은 일은 하고 싶어 하지 않고 '이대로 좋다.'는 바이어스(Bias＝편향)가 있다. 이 관성 때문에 연금에 가입하는 것이 귀찮아진다.

2. 손실 회피(Loss Aversion): 인간은 플러스의 감정치(길에서 1만 원짜리 지폐를 주웠을 때의 기쁨)보다 마이너스의 감정치(1만 원 지폐를 잃어버렸을 때의 충격)가 크다. 그래서 저금이 10만 원 늘어나는 것보다 이번 달 수입이 10만 원 줄어드는 것이 감정의 충격이 더 크다.

3. 현재 지향 편향(Present Bias). 인간은 '지금 이 순간'에 중점을 두기 때문에 퇴직 후 연금을 받는 '미래의 자신'에 대해서는 남의 일처럼 느낀다. 그래서 미래의 자신보다 지금의 자신에게 돈을 쓰고 싶어 한다.

이러한 편향의 결과 인간이 합리적으로 생각하면 해야 할 일인데도 비합리적인 측면 때문에 노후 자금의 확보가 좀처럼 진척되지 않는다. 그런 와중에 탈러와 베나르치는 편향을 효과적으로 활용할 것을 제창했다.

우선은 관성. 그 대책으로는 '우리 회사는 기본적으로 전원, 기업 연금에 가입한다.'라는 디폴트(Default＝초기 설정)를 만들어서 별다른 절차 없이 가입할 수 있게 한다. 물론 가입하고 싶지 않은 사람은 '허락하지 않은 의사표시(옵트 아웃)'에 의해 가입을 회피할 수 있지만, 인간이란 귀찮아하는 생물. 대개는 그대로 가입하게 된다.

다음으로 손실 회피와 현재 지향 편향의 현재화를 방지하기 위해 기업 연금은 '승진하면 적립률도 자동으로 늘어난다'는 구조로 해둔다. 그러면 수입이 줄어드는 것이 아니기 때문에 저항 없이 적립액을 늘리게 할 수 있다.

게다가 '강제가 아니라 언제든 그만둘 수 있고 부금을 얼마로 할지도 스스로 결정할 수 있다.'라는 규칙을 마련하지만, 이것도 관성의 영향으로 모두 입사했을 때 가입한 조건대로 바꾸는 일은 없다.

그 결과 자연스럽게 조금씩 적립액이 늘어난다…….

이것은 인간 행동의 원인과 편향을 이해하고 그것을 효과적으로 사용한, 지금까지 가장 현저한 성과를 낸 실례라고 할 수 있을 것이다.

포인트는 '일부만 바꿨을 뿐'이라는 점이다. 탈러가 제창한 이 이론은 '넛지 이론'이라 불리는데, '넛지(Nudge＝가볍게 부추기다)', 즉 티 없이 종용하는 것만으로도 사람들에게 영향을 주어 행동을 바꿀 수 있는 것이 증명된 것이다.

2013년 당시, 탈러와 함께 이 '스마트 플랜'을 진행하던 베나르치의 아래에서 나는 컨설턴트를 맡고 있었다. 그 덕에 '스마트 플랜'의 성과를 직접 확인할 수 있는 일이 많았는데, 자동 가입을 도입한 회사는 2003년의 14%에서 2011년에는 56%까지 증가했다. 개인의 평균 갹출률도 불과 4년 만에 3.5%에서 13.6%까지 올라갔다.

앞에서도 말했듯이 전통적인 경제학은 인간을 '이상적'으로 파악하고 '올바른 행동을 해야 하고, 할 것이다.'라고 생각했다. 그런데 행동경제학은 인간의 '실제 행동'을 구체적으로 해명하고 이해한다. 그뿐만 아니라 비합리적인 행동을 바꿀 수도 있다…….

"이렇게 효과가 있다면 활용해야 한다!"

이처럼 행동경제학의 인지도가 높아져 가는 농안 미국에서는 행동경제학의 실용화가 점점 진행되어 갔던 것이다.

'오바마 대통령의 재선'과
행동경제학

버락 오바마가 두 번째 대통령의 자리를 차지한 데에도 실은 행동경제학과 관계가 있다. 이것도 '스마트 플랜'과 아울러 행동경제학이 일반인에게 보급되는 계기가 된 사건이었으므로 여기에 소개한다.

힐러리 클린턴과 접전 끝에 민주당 대표 후보로 선출. '정체된 부시 정권 후의 젊은 대통령'이라는 기대. 무엇보다 '미국의 첫 흑인 대통령의 탄생'이라는 이유로 그의 첫 당선은 미국뿐만 아니라 전 세계에서 주목과 기대를 모은 결과로 쟁취한 승리라 할 수 있을 것이다.

그러나 '재선'이라면 상황이 크게 달라진다. 실제로 국가의 지도자가 되면 경제정책에 대한 불만 등의 비판도 나온다. 그 속에서 도대체 어떻게 해야 대통령의 자리를 유지할까?

2012년, '오바마 재선'의 승리의 열쇠를 쥐고 있던 것이 행동경제학이었다.

격전을 승리로 이끌기 위해서 오바마 진영은 행동경제학의 제1인자로 데이터 사이언티스트이기도 한 데이비드 니커슨을 선거대책본부에 초빙했다. 행동경제학을 활용해 표를 모으는 작전이었다.

선거전의 열쇠를 쥔 것은 '부동표'다.

"민주당을 지지해서 오바마에게 투표하고 싶지만, 투표장에는 가지 않을지도……."

선거 열기가 뜨거운 미국이지만 모두 바쁜 것은 어디나 마찬가지. 그 결과 "갈 생각이었는데 갑자기 일이 생겨서 갈 수 없었다."라며 포기하는 사람이 많다. 이처럼 투표장에 가느냐 가지 않느냐의 '미묘한 사람들'의 표를 어떻게 모으느냐로 명운이 결정된다.

오바마는 민주당이니까 지지자는 주로 '리버럴(Liberal=진보주의자, 자유주의자)' 층이다. 니커슨 등은 우선 데이터 사이언스를 활용하여 리버럴 층의 '미묘한 사람들'이 많이 거주하는 지역을 특정했다. 그러고 나서 행동경제학을 활용해 그 사람들의 '특별한 일 없이 가지 않는 원인'을 제거하는 전략을 취했다고 한다.

그 전략은 생각 외로 심플해서 '미묘한 사람들'에게 아래의 세 가지 질문을 한다는 것이었다.

- 선거 당일 몇 시에 투표합니까?(시간)
- 그날은 어디에서 투표소로 갑니까?(장소)
- 직전에는 어떤 일정이 있습니까?(직전의 일정)

　중요한 것은 이 세 가지를 '그냥 질문했을 뿐이었다'는 것이다. 그냥 질문해서 '미묘한 사람들'의 머릿속에 '당일 투표하러 가기까지의 과정'을 그리게 한다. 이 단순한 질문의 작용으로 상대의 머릿속에 있던 '특별한 일 없이 가지 않는 원인'이 제거되었던 것이다.

　행동경제학에 근거한 이 전략이 부동표 획득으로 이어져서 오바마 재선에 기여한 것은 행동경제학과 관련된 사람들 사이에서는 잘 알려진 일이다.

　그로부터 수년 후인 2017년에는 행동경제학 이론의 제창자인 행동경제학자 리처드 탈러가 노벨 경제학상을 수상했다. 그의 저서 《넛지》는 전 세계적으로 베스트셀러가 되었다.

　이처럼 '스마트 플랜'의 전례가 없는 성공이나 '오바마 재선'에 행동경제학이 기여한 것 등을 통해 비즈니스계에서도 행동경제학이 단숨에 주목받게 되었다.

넷플릭스에서 '제2화'가
자동 재생되는 이유

　이처럼 행동경제학이 보급된 현대를 사는 우리의 주변에는 이미 행동경제학이 적용된 상품이나 서비스가 흘러넘치고 있다. 특히 효과적으로 활용하고 있는 것은 FAANG일 것이다.

　예를 들어 OTT 서비스 업체인 넷플릭스는 창업 연도인 1997년에는 DVD 대여 회사였지만 2007년부터 OTT 서비스 사업으로 전환했다. 유저(User＝사용자, 이용자)가 2억 명이 넘는 거대 IT 기업으로 성장한 큰 요인 중 하나가 행동경제학을 효과적으로 활용한 추천 기능이라 할 수 있다.

　OTT 서비스는 '뭐 재미있는 거 없을까?' 하고 두리번거리는, 나이도 성별도 국적도 취향도 다른 사람들에게 응답하기 위해 수백만 편에 달하는 콘텐츠를 구비해야 한다. 또 수백만 편이라는 콘텐츠 수는 마케팅 전략에 필수 사항일 것이다.

　그러나 그 수가 너무 많으면 유저는 선택하는 데 어려움을 겪는다. 그럼, 어떻게 해야 할까? 그것에 대비해 만들어진 전략에는 필시 행동경제학이 활용되었을 것이다.

　넷플릭스의 유저라면 잘 알다시피 앱을 가동하고 자신의 이름을 클릭하면 바로 여러 개의 추천 프로그램이 나타난다. 유저는 이 추천 기능에 따라 시청할 수 있고, 아울러 연관 프로그램도 나란히 나타나 있기 때문에 자신이 깊이 생각하지 않아도 연달아서 좋아하는 작품을 고를 수 있다. 또 앱을 이용하면 이용할수록 좋아하는 작품의 데이터가 누적되어 정확도가 더 높아진다.

'인간은 정보도 선택지도 많으면 많을수록 좋다'는 것이 합리적인 개인을 전제로 하는 전통적인 경제학의 해석이고, 소비자 자신도 현재 의식으로는 '많은 선택지가 있는 게 좋다.'고 생각한다.

그러나 행동경제학은 '정보나 선택지가 너무 많으면 인간은 최적의 의사결정을 할 수 없을 뿐만 아니라 의사결정 자체를 할 수 없게 된다.'고 해석하고 있다. 자세한 것은 제2장에서 설명하겠지만, '정보 과부하' '선택 과부하'라는 상태다.

그래서 넷플릭스는 수백만 편의 콘텐츠를 준비한 후에 유저가 실제로 보는 정보나 선택지에 대해서는 알맞은 수로 줄여 최적화했다. 그것이 추천 기능이다.

아마존이나 디즈니 등의 OTT 서비스도 마찬가지로 프로그램의 제1화가 끝나면 자동으로 제2화가 시작되는데, 생각해보면 DVD 시대에는 자신이 재생하고 그때마다 '이어서 볼지 말지'를 결정했다. 그 결과 지금처럼 몇 화를 죽 이어서 보는 일은 적었다.

그러나 지금의 OTT 서비스처럼 멋대로 재생되면 지금의 상태를 계속하고 싶은 '현상 유지 편향'이라는 행동경제학의 이론이 작동하여 시청을 계속하고, 이윽고 '1화가 끝나면 자동으로 2화가 시작되어 이어서 보는 것이 당연하다'는 상태가 되어 계속 앱을 사용한다. TikTok이 대표적이다.

인간은 합리적이고 동시에 냉정하게 의사결정을 한다고 전통적인 경제학은 생각하지만, 실은 비합리적이고, 이와 같은 기업은 그것을 이해하고 비즈니스에 제대로 도입한 것이다.

스타벅스의 포인트 제도인 '별'에 감춰진 '목표 구배 효과'

FAANG 외에도 식품부터 의약품까지 많은 대기업이 행동경제학을 비즈니스에 도입하고 있고, 최고의 기업이 최고의 자리에 오를 수 있는 이유 중 하나로 행동경제학에 근거한 전략이 있는 예도 종종 보고 듣는다.

예를 들어 스타벅스의 모바일 앱은 행동경제학을 철저하게 활용하여 만들어진 것으로 보인다.

특히 주목하고 싶은 것이 '별'이라는 포인트 제도다. 최종적으로 '골드 회원'이 되면 일정 개수의 별 적립 시 무료 음료 1잔을 받을 수 있거나 생일 선물을 받을 수 있는 특전이 있다. 무엇보다도 '스타벅스의 최고 등급 회원'이라는 지위는 고객에게 우월감을 준다. 제3장에서 자세히 설명하겠지만 이것은 행동경제학에서 말하는 '긍정적인 어펙트(긍정적인 어렴풋한 감정)'라는 이론을 이용한 전략이라 할 수 있다.

지위 제도는 항공회사, 호텔 등 많은 기업이 도입하고 있는데, 스타벅스의 이 '별' 제도는 모바일 앱에서 '4일 한정!'이라고 기간 한정 보너스를 받을 수 있는 기간이 메시지로 오거나, '골드 회원까지 앞으로 별 ○○개'라고 목표까지 얼마나 남았는지 표시되곤 한다.

이러한 것들도 행동경제학의 관점에서 말하면 목표가 가까워질수록 의욕이 강해지는 '목표 구배 효과'의 응용이다. 기간 한정 보너스나 서서히 지위가 올라가는 구조는 컴퓨터 게임의 이론을 비즈니스에 응용한 '게이미피케이션'이기도 하다.

그리고 상단바의 눈금에도 약간의 트릭이 있는데, 25별과 50별의 눈금 간격이 200별과 400별의 눈금 간격과 같다. 25개의 차이와 200개의 차이가 같은 눈금이라는 것은 그래프로서는 명백한 오류이지만 행동경제학적으로 말하면 탁월한 전략이다. 고객은 제대로 음미하지 않고 눈에 바로 들어온 분위기로 판단하기 때문에 '벌써 50별을 모았다. 최선을 다해 마지막까지 모아야지.'라고 유도되어버린다. 실제로는 50별까지보다도 그 후의 400별까지가 모아야 하는 별은 당연히 많아진다.

이렇게 스타벅스의 이 '별' 제도는 많은 이용자를 모으고 있다.

많은 기업은 인간의 비합리적인 의사결정과 행동의 메커니즘을 알고 경쟁상대보다 우위에 서려고 하기에 행동경제학을 활용하고 있는 것을 기업 비밀로써 공언하지 않는다. 이른바 고객에게는 알려지기를 바라지 않는 '공공연한 비밀'이라는 것이다.

그러나 행동경제학을 배우면 '이 서비스는 행동경제학이 뒤에 있구나.'라고 바로 알게 된다. 그뿐만 아니라 한번 행동경제학을 배우면 세상이 달리 보이게 된다.

온갖 기업의 전략에 둘러싸인 지금, 교양으로서의 행동경제학을 익히면 두 번 다시 그때까지와 같은 소박한 견해는 가질 수 없을 것이다.

- 소비자는 기업의 전략에 놀아나지 않도록 현명해질 수 있다.
- 기업은 고객에게 서비스나 상품을 더 많이 즐기게 하는 전략가가 될 수 있다.

바로 이 점이 비즈니스맨이 행동경제학을 배우는 이유다.

'종래의 행동경제학'은 체계화되어 있지 않다

이론이 분류되지 않고 나열되기에 '본질을 파악할 수 없다'

나는 박사 과정을 수료하고 박사 연구원을 마친 후 그대로 미국에서 컨설팅 회사를 창업했는데, 곧바로 "행동경제학의 식견을 살려 우리 회사에 조언해주길 바란다."라는 오퍼가 연이어서 들어왔다. 스타트업의 경영자로서는 반가운 일이었지만, 실제로 일하는 동안엔 위화감을 느꼈다.

'다들 행동경제학의 이론이나 효과가 어떤 것인지는 막연하게 알고 있다. 그러나 제각각인 지식의 입력만으로 끝난 것은 아닐까?'

이런 의문이 고개를 들었던 것이다.

다음 페이지의 도표 5는 프롤로그에서 본 '종래의 행동경제학 학습법'의 도표를 확대하여 좀 더 보기 쉽게 만든 것이다. 이 그림을 보면 여러분에게도 '앗, 어디선가 들은 적이 있다.'라는 이론도 있을 것이라 생각한다. 그러나 그것이 어떤 것인지 이해하고, 단순한 '지식'이 아니라 '교양'으로서 익히고 사람들에게 설명해줄 수 있는 사람은 적지 않을까?

이유는 단순하다. 카테고리가 분류되어 있지 않고 그저 이론만 나열했을 뿐이기 때문이다. 지금까지 행동경제학을 한 번이라도 배운 적이 있는 사람이라면 필시 이처럼 제각각인 이론을 하나 외우고는 다음을 외우고, 또 다음을 외우는 식으로 서로 맥락이 없는 이론을 오로지 암기하려고만 했을 것이다. 마치 학창 시절에 영어 단어를 무턱대고 암기하던 때처럼 말이다. 이런 식으로는 좀처럼 머리에 남지 않고, 무엇보다도 무턱대고 암기하는 것은 그 자체로 고통이다.

이 그림처럼 정리되지 않은 채 표면적인 지식만이 급격하게 보급되면 많은 사람이 '아는 셈 치게' 될 위험이 있다.

예를 들어 '인간에게는 현상 지향 편향이 있어서 기존의 것을 평가하고 새로운 것을 할 수 없다.'라는 지식만 있으면 표면적인 이해만으로 끝나 버린다.

우선 '도대체 행동경제학이란 무언인가?'라는 '본질'을 이해하고, 그

|도표 5| 종래의 '행동경제학' 학습법

확장-구축 이론　　심리적 통제　　불확실성 이론

넛지 이론

계획의 오류　프레이밍 효과
프라이밍 효과

정보 과부하　　앵커링 효과　　절제 편향

비유창성　　미끼 효과　　　　목표 구배 효과

부정적인 어펙트　경계 효과

신체적 인지

계열 위치 효과　　심리적 소유감　심리적 회계

긍정적인 어펙트　　진리의 착오 효과

캐시리스 효과　　확증 편향　　단순 존재 효과

시스템 1 vs 시스템 2　　　해석 수준 이론
어펙트

파워 오브 비코즈

쾌락 적응　감정 이입의 간극

핫핸드 효과　　　　　개념 메타포

체계화되어 있지 않고 혼돈과 '이론'을 나열할 뿐

그저 전부 암기……　　　본질을 파악할 수 없다……

본질과 각 이론을 유기적으로 결합시켜야지만 '지식'이 '교양'이 된다. 그때 비로소 '그럼, 어떻게 하면 될까?'라는 자기 나름의 사고방식이나 그것에 근거한 행동이 가능하다.

행동경제학의 식견은 심오하기에 본질을 알고 체계를 세워서 이해해야 마침내 '왜 인간은 그렇게 행동할까?'를 읽을 수 있다. 그리고 그러한 '인간의 행동'이 경제에 어떻게 영향을 미치는지도 보이게 된다.

'새로운 학문'이기 때문에
체계화되어 있지 않다

그럼, 왜 행동경제학은 다른 학문처럼 체계화되어 있지 않은 걸까? 그것은 하나의 학문이 체계화되기까지는 아주 많은 시간이 필요하기 때문이다.

창업 후 클라이언트로부터 "좀 더 이해하기 쉽고 도움이 되도록(혹은 교양으로써 활용할 수 있도록) 행동경제학을 가르쳐주십시오."라는 의뢰를 빈번하게 받았다.

"행동경제학의 이론이라고 들었을 때는 이해한 것 같았는데 수가 너무 많아서 바로 잊어버렸어요. 사가라 박사님은 전문가시죠? 이 많은 이론을 알기 쉽게 체계화해주시지 않겠습니까?"

창업할 무렵에 마연하게 품고 있던 현안이 눈앞에 들이닥친 듯한 느낌이었다.

행동경제학은 전문가 사이에서도 "체계화하는 것이 어렵다. 앞으로 수십 년은 무리일 것이다."라는 말이 들린다. 이유는 두 가지다. 하나는 '매우 어려운 학문'이라는 것. 체계화되기 전에 잇따라 새로운 이론이 발표된 경위가 있다.

다른 하나는 '경제학과 심리학의 융합'이라는 것이다. 경제학과 심리학, 두 학문을 합쳐서 체계화하는 것은 난제다.

게다가 경제학과 심리학은 전혀 다른 접근법을 취하고 있다. 전통적인 경제학 전문가는 합리적인 인간을 전제로 하여 '인간은 이렇게 행동해야 한다.'라는 이론을 전개하는 한편, 심리학 전문가는 우리 인간의 있는 그대로의 행동을 분석한다. 둘은 물과 기름과 같다. 양자가 납득할 수 있는 타협점이 좀처럼 보이지 않고, 그저 시간만 흐른다.

행동경제학을
'처음으로 정리·체계화'한 입문서

인간의 '비합리적인 의사결정의 메커니즘'을
해명하는 학문

대학이라는 학술적인 세계에 적을 두고 있으면 '체계화는 어렵다'는 것은 공통된 인식인데, 내가 몸을 던진 것은 실업계이고, 다른 누구도 아닌 클라이언트가 '체계화'를 요구하니 "무리입니다."라고는 농담으로도 할 수 없다. 그래서 연구 동료였던 예일 대학교와 듀크 대학교의 두 행동경제학 교수와 상의하려고 "30분만 시간을 내달라."고 부탁했다.

"나미카, 농담이지? 다음 주까지 행동경제학을 체계화하고 싶다니."

열띤 논의를 벌인 끝에 학계에 있는 두 사람의 대답은 "절대 무리!

체계화에는 앞으로 100년은 걸릴 거야."라는 것이었다.

학술적인 연구자에게는 '시간을 들이지 않고 정리한다'는 것은 역시 있을 수 없는 이야기로, 100개의 사례가 있으면 하나하나 검증해가는 것이 상식……. 즉, 연구자와 비즈니스맨은 어떠한 것을 대하는 개념 자체가 전혀 다른 것이다. 이것도 행동경제학이 체계화되지 않은 요인일 것이다. 나는 이런저런 고민 끝에 학술적인 사람들을 위해서가 아니라 비즈니스맨을 위해 스스로 체계화하기로 결심했다.

체계화하기 위해서는 우선 그 학문의 '본질'을 명확하게 정리할 필요가 있다. '결국, 행동경제학이란 한마디로 말하면 무엇일까?'라는 의문에 대한 답이 바로 '본질'이다.

그것이 이미 말한, "인간의 '비합리적인 의사결정의 메커니즘'을 해명하는 학문."이다.

행동경제학의 정의가 이렇게 된 이유를 다시 정리해본다.

나는 프롤로그에서 "행동경제학은 '인간의 행동'을 이해하는 학문."이라고 말했다. 특히 '경제(비즈니스)'의 세계에서 '왜 인간은 그렇게 행동할까?', 그 원리를 밝히는 데 노력했다.

그리고 '행동'이라는 것은 '의사결정'의 결과라는 것도 이미 말한 대로다. 예를 들어 당신이 영화를 보려고 넷플릭스를 켰다고 하자. 이때 '넷플릭스를 켠다'는 '행동'은 의식적이든 무의식적이든 당신이 '넷플

|도표 6| '행동'은 '의사결정'의 결과에서 비롯된다

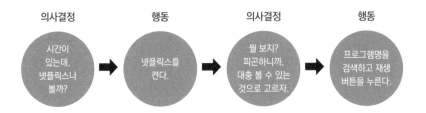

릭스를 보겠다'는 '의사결정'을 한 결과다. 그리고 넷플릭스를 켠 후에 영화 A를 보려고 '영화 A를 클릭'했다면, 그것은 역시 당신이 '영화 A를 클릭하자'고 '의사결정'을 한 결과다.

그렇다. '인간의 행동'이라는 것은 '의사결정의 연쇄'인 것이다. '왜 인간은 그렇게 의사결정을 할까?'. 그 메커니즘을 해명하는 것으로 그 결과인 '왜 인간은 그렇게 행동할까?'를 이해할 수 있다. 내가 프롤로그에서 "행동경제학은 행동의 '왜?'를 알 수 있다."라고 말한 것은 바로 이런 이유 때문이다. '행동'의 일보 직전인 '의사결정'의 원리를 명백히 밝힘으로써 행동의 '왜?'를 이해할 수 있는 것이다.

게다가 인간이라는 것은 '비합리적'인 생물이라는 것을 이미 '전통적인 경제학의 한계'에 관한 이야기로 설명했다. 인간이 만약 합리적이라면 바쁠 때 목적도 없는 동영상을 줄줄이 달아서 보곤 하지 않는다. 인간은 '비합리적인 행동'만 하는 생물, 즉 '비합리적인 의사결정'만 하는 생물이다.

그런 인간이 '비합리적인 의사결정의 메커니즘'을 설명하는 이론의 집합이 행동경제학이다. 포인트는 그것들이 '실험으로 증명된 과학적인 이론'이라는 점이다. 그렇기에 어떤 인간에게도 적용되는 '객관적인 이론'이라 할 수 있는 것이다.

결국, 우리의 생활은
'비합리적인 의사결정'의 연속

비합리적인 행동은 비즈니스의 현장에서도 종종 볼 수 있다.

예를 들어 어느 회사에서는 이사회의 의사록을 임원에게 우편으로 보내고 날인받는 작업에 2주일이나 소요되고 있었다.

그래서 환경에도 이롭고, 신속하게 처리될 수 있도록 온라인에서 확인하고 사인도 할 수 있는 '전자서명 소프트웨어'를 도입하려고 했다. 전통적인 경제학에서 보면 매우 합리적인 결단일 것이다. 그런데 평소 컴퓨터로 일했을 임원들이 전자서명 소프트웨어로 변경하는 것에 난색을 보이는 것이었다.

"종이가 아니면 제대로 읽을 수 없어."

"지금까지 해왔던 대로 문서는 종이를 기본으로 확실하게 남겨둬야지."

종이를 기본으로 주고받는 근거로 이런 의견이 나왔던 것이다.

그러나 회사 측에서 결단을 내리고 실제로 온라인에서 확인하고 사인도 할 수 있는 '전자서명 소프트웨어'를 도입했더니 특별한 불편함은 없었다. 빠른 시간에 확인할 수 있게 되었다는 장점만으로도 "왜 좀 더 일찍 도입하지 않았을까?"라는 목소리조차 나왔을 정도다.

임원들이 전자서명 소프트웨어로 변경하는 것에 난색을 보인 이유 중 하나는 행동경제학의 '현상 유지 편향'일 것이다. 또 '손실 회피'에 의해 장점보다 단점 쪽에 눈이 가버린 것이리라. "지금까지 ○○였으니까 앞으로도 ○○가 아니면 안 돼."라는 수고롭기도 하고 비용도 드는 비합리적인 의사결정을 했던 것이다.

즉, '환경에 이롭고 신속하게 처리할 수 있는 전자서명으로 바꾸는 것이 합리적'이라는 것이 전통적인 경제학. 그러나 '실제로는 현상 유지 편향과 손실 회피가 작용하기 때문에 결국 지금까지 해온 대로 종이를 기본으로 하는 것을 유지하게 된다'는 것이 행동경제학이다.

이처럼 생각해보면 '비합리적인 행동'의 일보 직전에 있는 '비합리적인 의사결정'의 메커니즘을 이해하는 것이야말로 현실의 행동을 바꾸는 열쇠를 쥐고 있다는 것임을 알 수 있다.

나는 컨설턴트로서 행동경제학을 활용하여 이러한 행동의 메커니즘을 해명해왔다. 대상이 되는 인간이란 클라이언트의 고객이나 거래처 사람이거나 종업원이다. 클라이언트는 이러한 관계자들을 적절하게 움직이는 방법을 요구했지만, 이것은 인간의 행동 메커니즘을 이해하고 있어야지만 제공할 수 있는 것이다.

컴퓨터가 어떤 메커니즘으로 작동하는지를 이해하지 못하면, 컴퓨터를 이해하고 기능을 변경하여 업그레이드하는 것이 불가능한데, 인간의 행동도 그와 마찬가지로 의사결정의 메커니즘이 어떻게 되어 있는가라는 'How?'를 이해해야 비로소 인간의 행동을 바꿀 수 있다.

'비합리적인 의사결정'을 정하는
세 가지 요인

그리고 인간이 자기도 모르게 '비합리적인 의사결정'을 내리는 메커니즘에는 크게 세 가지 요인이 있다. 바로 '인지의 버릇' '상황' '감정'이다. 이 세 가지 요인 때문에 우리는 합리적이지 않은 판단을 하고 만다.

다음 페이지의 도표 7은 프롤로그에서 다룬 <이 책의 '행동경제학' 학습법>의 도표를 확대하여 보기 쉽게 만든 것이다. 조금 전에도 말한 '비합리적인 의사결정의 메커니즘'이라는 '본질'을 중심에 두고 '비합리적인 의사결정'에 영향을 주는 세 가지로 카테고리를 나누었다. 지금까지 제각각이었던 각각의 이론을 세 가지로 분류했다. 이 체계화에 의해 혼돈 상태이던 각각의 이론이 행동경제학의 '본질' 및 세 가지 카테고리에 의해 유기적으로 연결된다.

|도표 7| 이 책의 '행동경제학' 학습법

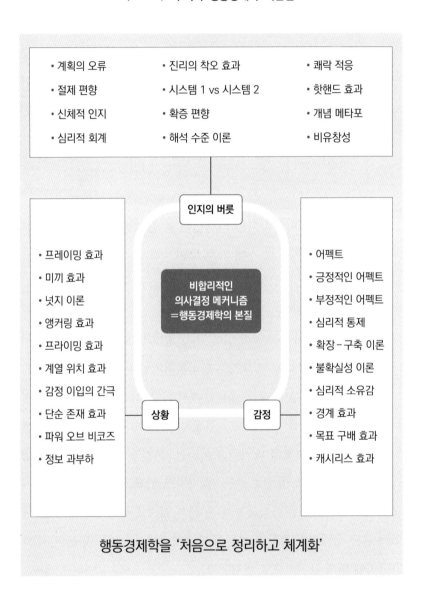

- 계획의 오류
- 절제 편향
- 신체적 인지
- 심리적 회계

- 진리의 착오 효과
- 시스템 1 vs 시스템 2
- 확증 편향
- 해석 수준 이론

- 쾌락 적응
- 핫핸드 효과
- 개념 메타포
- 비유창성

인지의 버릇

- 프레이밍 효과
- 미끼 효과
- 넛지 이론
- 앵커링 효과
- 프라이밍 효과
- 계열 위치 효과
- 감정 이입의 간극
- 단순 존재 효과
- 파워 오브 비코즈
- 정보 과부하

비합리적인 의사결정 메커니즘 =행동경제학의 본질

- 어펙트
- 긍정적인 어펙트
- 부정적인 어펙트
- 심리적 통제
- 확장-구축 이론
- 불확실성 이론
- 심리적 소유감
- 경계 효과
- 목표 구배 효과
- 캐시리스 효과

상황   **감정**

행동경제학을 '처음으로 정리하고 체계화'

그럼, 이 도표를 기준으로 세 가지 요인을 각각 해설한다.

요인 ① 　인지의 버릇

첫 번째가 '인지의 버릇'이다. '인지의 버릇'은 '인간의 뇌가 입력된 정보를 어떻게 처리하느냐', 즉 '뇌의 정보 처리 방법'이라고 생각하면 된다.

만약 인간의 뇌가 들어오는 정보를 순순히 그대로 받아들인다면 우리는 합리적인 행동을 할 것이다.

그러나 성가시게도 인간의 뇌에는 '정보 처리 방법' 자체에 '왜곡'이 존재한다. 이 '인지의 버릇'이 있어서 우리는 정보를 왜곡해서 처리해 버리고, 그것이 '비합리적인 의사결정'으로 이어지는 것이다.

'인지의 버릇'으로 분류되는 대표적인 이론에 '시스템 1 vs 시스템 2'라는 이론이 있다.

자세한 것은 제1장에서 다루겠지만 간단히 말하면 시스템 1은 '직감', 시스템 2는 '논리'다. 인간의 뇌가 정보를 처리할 때는 '직감'에 근거하여 판단하는 시스템 1과 '논리'에 근거하여 판단하는 시스템 2가 있고, 장면에 따라 나눠서 사용한다. 이것을 '시스템 1 vs 시스템 2'라고 한다.

시스템 1을 사용할 때는 차분히 생각하는 일 없이 신속하게 정보를 파악하고 판단한다. 그 때문에 들어오는 모든 정보를 숙고하는 것이 아니라 직감이나 감정 등의 얼마 안 되는 정보를 기초로 '인지의 지름길'이라 불리는 '휴리스틱'을 사용한다.

한편, 시스템 2를 사용할 때는 멀리 돌아가게 되어도 뇌는 집중해서 차분히 정보를 받아들인다. 그렇게 받아들인 정보는 과거의 경험 등과 비교해 가며 사고하고, 정보를 분석한 후에 파악하고 판단한다. 이쪽은 '천천히' 생각하는 점이 포인트다.

참고로 앞에서 소개한 카너먼은 이 '사고의 스피드'에 주목하고, 이 두 가지를 '패스트&슬로우'라고 표현했다.

그럼, 왜 '시스템 1 vs 시스템 2'가 판단의 '왜곡'과 연결되는 것일까? 유명한 연구를 예로 들면 '초콜릿 케이크와 과일 샐러드의 실험'이 있다.

피실험자를 두 그룹으로 나눠서 그룹 A에는 두 자릿수의 숫자를 그룹 B에는 일곱 자릿수의 숫자를 기억하게 했다. "기억력 연구다."라고 들은 피실험자들은 숫자를 외우는 데 집중하기 시작했는데, 특히 일곱 자릿수를 외워야 하는 그룹 B는 숫자를 외우느라 애를 먹는 모습이었다.

"수고가 많으십니다. 아직 실험 중이지만 감사의 의미로 간식을 준비했습니다."

그들의 앞에 놓인 것은 초콜릿 케이크와 과일 샐러드. 결론부터 말하면 두 자릿수의 숫자를 외운 그룹 A는 과일 샐러드를 선택하는 사람이 많고, 일곱 자릿수의 그룹 B는 초콜릿 케이크를 선택하는 사람이 많았다. 도대체 왜 그럴까?

두 자릿수의 숫자를 외운 그룹 A의 피실험자들은 문제가 쉬웠기 때문에 생각할 여유가 있었다. 천천히 생각하는 '시스템 2'를 가동할 수 있었던 것이다. 그러므로 '좀 더 건강하고 몸에 좋은 과일 샐러드'라는 '합리적인 선택'을 할 수 있었다(최근에는 과일에 당질이 높다는 의견도 있으므로 몸에 좋다고만은 하기 어렵지만, 미국에서는 초콜릿 케이크보다는 과일 샐러드가 훨씬 더 몸에 좋다는 인식이 있다).

그런데 일곱 자리를 암기해야 한다는 무거운 부하가 걸려서 사고에 여유가 없는 그룹 B의 피실험자들은 '시스템 1'으로 순간적으로 판단할 수밖에 없었다. 그 결과 칼로리가 더 높은 '초콜릿 케이크'라는 '비합리적인 선택'을 해버렸던 것이다.

그러나 그렇다고 해서 '시스템 2'가 좋고 '시스템 1'이 나쁘다고는 할 수 없다. 만약 순간적으로 판단하는 '시스템 1'이 존재하지 않으면 생각해야 할 일이 너무 많아져서 우리의 뇌는 오작동하고 말 것이다. 그렇기에 인간의 뇌에는 별로 부담을 주지 않고 판단하는 '시스템 1'이 갖춰져 있다.

그런데 적절하지 않은 장면에서 이 '시스템 1'이 작동해버려서 잘못된 판단을 내리고 마는 일이 종종 있다. 즉, 장면 장면에 맞춰서 '시스템 1'을 사용하는 게 좋은 경우도 있고, '시스템 2'를 사용하는 게 좋은 경우도 있다. 포인트는 인간의 뇌에는 이 두 가지 시스템이 존재하는 것을 알고, 대책을 세운다는 것이다.

제1장에서는 이러한 '인지의 버릇'으로 분류되는 행동경제학의 이론에 대해 다룬다. 클라이언트나 동료, 상사 그리고 자기 자신의 '인지의 버릇'을 이해하면 보다 합리적인 의사결정과 행동이 가능해질 것이다.

요인 ② 상황

앞에서 말한 '인지의 버릇'은 인간의 '머릿속(뇌)'에서 일어나는 것이었다. 애초에 '머릿속'에 '비합리적인 의사결정'을 초래하는 구조가 있는 것이다. '머릿속'에서 일어난다는 것은, 우리의 의사결정은 '인지의 버릇'으로부터 도망칠 수 없기에 '인지의 버릇'이 세 가지 요인 중 가장 기초가 되는 요인이라 생각해도 될 것이다.

그러나 인간이 비합리적인 판단을 내리는 요인은 '머리 밖'에도 있다. 인간의 판단은 주변의 '상황'에 강하게 영향을 받는다.

전통적인 경제학은 '인간은 어떤 상황에도 좌우되지 않고 항상 합리적인 의사결정을 한다.'라는 전제로 성립되어 있고, 우리 자신도 스스로에 대해 항상 '스스로 의사결정하고, 행동한다.' '스스로 인생을 통제한다.'라고 생각한다. 그런데 행동경제학의 연구는 그것을 뒤집는 것이었다.

"인간은 환경에 좌우되어 의사결정을 하고, 상황에 영향을 받아 행동한다."

이것은 수백, 수천 건의 연구에서 증명되었고, 우리가 갖추고 있다고 생각하는 '주체성'이 실은 불확실한 것이었다는 말이다. '나답지 않은 행동을 해버렸다.'든가 '왜 선택지 A가 아니라 B를 선택했을까?' 하고 나중에 후회한 적은 없었는가?

그것은 우리가 '스스로 주체적으로 판단하는' 것이 아니라 주변의 상황에 의해 '판단하게 된다'는 증거다. 따라서 이것을 모르고 있으면 '비합리적인 의사결정'을 하고 마는 것이다. 즉, 아주 사소한 '상황'의 변화로 우리의 의사결정은 바뀐다.

'상황'으로 분류되는 행동경제학의 이론으로 유명한 것은 '선택 아키텍처(Choice Architecture=선택의 환경설계)'다. 이것은 환경을 조작하는 것으로 남을 자신이 바라는 방향으로 움직이게 한다는 것이다.

예를 들어 한 레스토랑이 몇 가지 있는 런치 중 B런치를 적극적으로 팔고 싶다고 생각할 때 A런치를 고의로 비싼 요리, C런치는 아주 싸지만 색다른 요리로 준비해두면 모두 자연스럽게 B런치를 선택하도록 유도할 수 있다. 즉, '어떤 선택지를 제시하느냐'라는 '상황'을 의도적으로 바꿈으로써 고객에게 'B런치를 고르도록 만들 수 있다'는 방법이다.

제2장에서는 '상황'으로 분류되는 행동경제학의 이론을 다룬다. 자신이 모르는 사이에 어떤 상황에 영향을 받는지 알게 될 것이고, 반대로 그것을 이용하여 사람들을 아무렇지 않게 움직일 수 있게 될 것이다.

요인 ③　감정

우리의 의사결정은 '인지의 버릇'으로부터 도망칠 수 없다. 게다가 우리가 무언가를 판단할 때 주변의 '상황'으로부터도 강하게 영향을 받는다.

이 두 가지에 더해 인간의 '비합리적인 의사결정'에 영향을 주는 것이 마지막 요인인 '감정'이다.

종래의 경제학에서는 인간은 합리적인 존재라고 생각하기 때문에 인간의 행동은 감정 따위에 좌우되지 않는다고 되어 있다.

그러나 여러분도 경험이 있을 것이다. 마음에 '불안'의 파도가 밀려와서 그만 최선을 다할 수 없었다. 또 '분노' 때문에 말도 안 되는 실수를 저질러서 인간관계가 어그러지고 말았다. 만약 인간이 합리적인 존재라면 감정 따위에 휘둘리지 않고 항상 최상의 성과를 내고, 비즈니스상의 인간관계는 양호하게 유지될 것이다. 그러나 우리는 자신도 모르게 감정에 의해 '최선의 결과를 낼 수 없다.'거나 '관계를 망친다.'는 비합리적인 결과를 낳고 만다.

애초에 인간의 감정이라는 것은 진화의 과정에서 완성된 것이다. '앞으로 식량이 없어질지도 모른다.'라는 '불안'의 감정이 있기에 그것에 대비할 수 있었고, '분노'라는 감정이 있기에 외적과 싸울 준비로 연결할 수 있었다.

그러나 지금은 그런 시대가 아니다. 처음에는 모든 것이 유용했던 '감정'이지만, 지금도 계속 '유용한 감정'과 지금은 '귀찮은 감정'으로 나뉘게 되었다.

이 '유용한 감정'을 어떻게 잘 활용하여 자신이나 타인을 움직이는가. 반대로 '귀찮은 감정'을 어떻게 잘 통제하여 비즈니스를 유리하게 움직이는가.

이것을 앎으로써 더 나은 의사결정을 내릴 수 있게 되고, 비즈니스에도 살릴 수 있다.

그리고 행동경제학에서는 스스로 의식할 수 있는 감정뿐만 아니라 희로애락까지는 가지 않는 '어렴풋한 감정'이 실은 인간의 판단에 큰 영향을 준다고 생각하는데 이 점이 매우 심오한 점이다.

제3장에서는 행동경제학 중 '감정'과 관련된 이론을 정리한다. 늘 따라다니는 감정에 휘둘리지 않고 적절한 의사결정을 내리는 방법을 전한다. 또 사람들의 감정에 따라 경제가 어떻게 움직이는지도 짚어본다.

'주요 이론'을
처음으로 정리·체계화

이상의 세 가지로 분류된 행동경제학의 이론을 이해함으로써 인간의 의사결정에 영향을 주는 요소를 모두 커버할 수 있고 '지식으로는 알지만 이해도가 얕다'는 문제를 해결할 수 있다. 그것은 깊은 이해로 이어지고, 살아 있는 '교양'이 될 것이다.

참고로 굳이 순서를 매긴다면 '인지의 버릇, 상황, 감정'의 순서로 영향력이 크다고 할 수 있다. '인지의 버릇'은 앞에서도 말했듯이 '머릿속'에 있는 것이므로 항상 영향을 받고, 우리 주변에는 항상 어떤 '상황'이 존재한다. 한편, '감정'은 고조된 경우에는 영향이 강해지지만, 평온한 경우에는 영향이 적으므로 항상 영향을 주느냐는 점에서는 다른 두 가지와 비교하면 빈도가 낮을 것이다.

그러나 한편으로 '변화의 폭'이라는 관점도 있다. 특히 우리는 감정적이 되어버리면 냉정할 때는 있을 수 없는 의사결정을 해버리는 경우기 있는데, 이처럼 '감성'은 '변화의 폭'이 큰 요소다. 한편으로 '인지의 버릇'은 항상 영향을 주지만 의사결정이 어떻게 바뀌느냐는 '변화의 폭'은 기본적으로 작은 요소다.

지금까지 이야기한 것만으로도 이미 눈치챈 사람도 있겠지만 실제로는 세 가지 카테고리는 서로 관계가 깊고 복잡하게 얽혀 있는 경우가 대부분이다.

예를 들어 깊은 슬픔이나 격한 분노에 휩싸여 있다면 '감정'이 가장 크게 영향을 주지만, 신형 코로나바이러스의 팬데믹과 같은 극한 상황에 있으면 '상황'의 영향이 최대화한다. 바쁘고 피곤해서 잠도 식사도 충분하지 않을 때는 '인지의 버릇'이 영향을 미친 의사결정이 될 것이다. 더구나 실제로는 이들이 혼연일체가 되어 뒤섞여서 그러데이션이 된 경우가 대부분이고 그것이 인간이라는 존재다.

그럼, 제1장부터는 연구자로서의 행동경제학에 대한 식견과 미국의 일류 기업 약 100개사에 행동경제학으로 컨설팅을 해온 경험을 기반으로 각각의 이론을 구체적으로 설명하겠다.

'단순한 지식'으로 끝나지 않고 학계와 비즈니스계의 이른바 '알짜배기'를 취해 여러분에게 '활용할 수 있는 교양'을 익힐 수 있게 하겠다. 그것이 행동경제학의 연구자에서 비즈니스계로 몸을 옮긴 나의 역할이라고 생각한다.

- 행동경제학은 매우 새로운 학문으로 세 명의 노벨상 수상자를 배출했다.

- 행동경제학은 '경제학'과 '심리학'이 융합한 학문이다. '인간은 합리적이다.'라는 전통적인 경제학의 한계에서 탄생한 것이 행동경제학이다.

- 행동경제학을 한마디로 말하면 "인간의 '비합리적인 의사결정의 메커니즘'을 해명하는 학문."이다. 이것에 의해 '왜 인간은 그렇게 행동하는가?'를 이해할 수 있고, 그렇기에 대책을 세울 수도 있다.

- '종래의 행동경제학'은 제각각인 이론을 하나 외우고 나서 다음을 외우고, 또 다음을 외우는 식으로 서로 맥락이 없는 이론을 오로지 외우기만 하는 것이었다. 그렇기에 "머리에 남지 않아." "본질을 이해할 수 없어."라는 목소리가 많았다.

- 이 책에서는 인간의 '비합리적인 의사결정'에 영향을 주는 요소를 '인지의 버릇' '상황' '감정'이라는 세 가지로 나누고, 행동경제학의 각 이론을 이 세 가지로 분류한다.

- 세 가지 카테고리로 분류하고 체계화함으로써 지금까지 제각각이었던 '주요 이론'이 유기적으로 연결된다.

제**1**장

인지의 버릇

머릿속 '인지의 버릇'이
인간의 의사결정에 영향을 준다

제1장에서는 인간이 '비합리적인 의사결정'을 내리는 세 가지 요인 중 '인지의 버릇'으로 분류되는 이론을 소개한다.

지금까지도 말했듯이 인간의 뇌에는 성가신 성질이 있다. 정보를 순순히 처리해주지 않는 것이다.

그럼, 뇌는 입력된 정보를 어떻게 처리할까? 그때 어떤 '버릇'이 있기에 인간은 '비합리적인 판단'을 내릴까? '인지의 버릇'이라는 것은 그와 같은 '뇌의 정보 처리 방법'을 말한다.

실제로 제1장에 들어가기 전에 우선 제1장의 전체적인 개요를 알아보자. 제1장은 아래와 같이 네 개의 절로 나뉘어 있다.

1. 인지의 버릇을 낳는 '근본'은 무엇인가?

'뇌의 정보 처리 방법'은 하나가 아니라 복수가 있다. 그러나 그중에서도 특히 중심이 되는 사고 모드가 있다. 그것이 앞에서도 말한 '시스템 1 vs 시스템 2'이다.

우선 제1장에서는 '인지의 버릇'의 가장 기본이 되는 '시스템 1 vs

시스템 2'에 대해 배워본다. 행동경제학 전체와 관련되는 개념이므로 확실하게 이해해두길 바란다.

2. 시스템 1이 '강력한 인지의 버릇'을 낳는다

인지의 버릇의 가장 기본이 되는 것은 '시스템 1 vs 시스템 2', 그중에서도 '시스템 1'에 의해 인간은 빈번하게 비합리적인 의사결정을 내린다.

그리고 성가시게도 그것은 하나의 인지의 버릇뿐만 아니라 몇 개의 다른 인지의 버릇과 연결되어 있다. 여기서는 '매몰비용' '기회비용' '핫핸드 효과' 등 '시스템 1'이 깊이 관여하고 있는 인지의 버릇을 소개한다.

3. '오감'도 인지의 버릇이 된다

제1절의 '시스템 1 vs 시스템 2', 제2절의 '시스템 1에 의해 생기는 강력한 인지의 버릇'. 이것들은 주로 '머릿속'에서만 일어나는 '인지의 방법'이다.

그러나 실은 뇌와 신체는 연결되어 있고, 시각·촉각·청각·후각·미각의 오감, 따뜻함이나 차가움 등의 '신체적 인지'라는 것도 있다. 우리는 '머릿속'에서만 모든 것을 결정한다고 생각하지만, 실은 신체로부터도 많은 정보를 얻고 있다.

신체로부터 들어오는 정보를 뇌가 인지할 때에도 '버릇'이 있다. 이

점을 행동경제학의 대표적인 이론을 소개하면서 설명한다. '상품 패키지의 로고 위치' 등 일상생활 속의 비즈니스에도 신체적인 인지의 버릇을 근거로 한 기업의 전략이 숨어 있다.

4. '시간'도 인지의 버릇이 된다

인간은 복잡하기에 '시간의 경과'도 뇌의 정보 처리 방법에 영향을 준다.

예를 들어 '지금의 나'도 '미래의 나'도 같은 나일 텐데 우리는 '미래의 나'는 '지금의 나'와는 다른 존재라고 생각한다. 그래서 같은 상품이나 서비스를 살 때 '지금 사는 건지' 혹은 '몇 개월 후에 살 건지'로 사는 상품이나 구매 여부 자체가 바뀌게 된다. 그런 '시간'과 관련된 인지의 버릇도 있다.

시간이 인간의 '인지'에 어떻게 영향을 주는지를 알아두면 반대로 어떻게 소비자의 마음을 잡을지, 또 자신의 업무 시간을 어떻게 쓰면 생산성을 높일 수 있는지도 보이기 시작한다.

이 네 개의 절이 제1장이다.

여기서 실제로 제1장에 들어가기 전에 '인지의 버릇'에 대해 퀴즈 하나를 풀어보자. 다음 페이지의 퀴즈를 생각하고 나서 본문으로 넘어가자.

Quiz

야구 배트와 공이 합해서 1달러 10센트에 팔고 있다.

야구 배트는 공보다 1달러 비싸다.

따로따로 샀다면 각각 얼마일까?

인지의 버릇을 낳는 '근본'은 무엇인가?

앞 페이지의 퀴즈는 바로 대답할 수 있을 것이라고는 생각하지만 실제로 정답률은 얼마나 될까?

"배트 1달러, 공은 10센트."

바로 그렇게 대답한 당신은 미국 명문 대학교의 학생과 마찬가지로 틀렸다.
정답은 '배트 1달러 5센트, 공 5센트'.

간단한 계산으로 조금만 생각하면 알 수 있는 것을 직감적인 시스템 1을 사용하여 대답한다. 그 결과 '1달러 10센트 - 1달러 = 10센트'라고 틀리고 만다. 이것이 인지의 버릇에 의한 비합리적인 의사결정이다.

이 퀴즈는 정식으로는 CRT(인지반응검사)라 하고 학회 때 종종 나와 함께하던 예일 대학교에서 행동경제학을 가르치는 셰인 프레데릭이 고안한 것이다. 올바른 답을 내기 위해서는 '배트 1달러, 공 10센트'라고 반사적으로 틀린 답이 나온 후 정말로 맞을까 하고 자기 체크를 해서 '직감에 의한 답 vs 생각하고 계산한 답'이라는 비교를 통해 후자를 골라야 한다.

프레데릭이 비슷한 퀴즈를 세 문제 냈더니 성적이 가장 좋았던 것은 MIT(매사추세츠 공과대학)로 평균은 2.18점(3점 만점), 만점 비율은 48%였다. 2위 이하는 접전이었는데, 프린스턴 대학교는 평균 1.63점에 만점 비율 26%, 하버드 대학교는 평균 1.43점에 만점 비율이 20%였다.

뇌의 두 가지 사고 모드
'시스템 1 vs 시스템 2'

인간의 뇌는 정보 처리를 할 때 두 가지 사고 모드를 나눠서 사용하고, 그것을 '시스템 1 vs 시스템 2'라고 부른다. 카너먼은 시스템 1은 직감적이고 순간적인 판단이기 때문에 '패스트', 시스템 2는 주의 깊게 생각하거나 분석하는 등 시간이 걸리는 판단이기 때문에 '슬로우'라고 불렀다.

'인지의 버릇'을 낳는 이론 중 가장 기본이 되는 것이 이 '시스템 1 vs 시스템 2'다.

이야기가 조금 옆길로 새지만 내가 대학원생이던 시절, 동급생 사이에서 어느 쪽이 시스템 1이고 어느 쪽이 시스템 2인지, 자신도 모르게 잊어버리는 사람이 부지기수였다. 나도 그중 한 사람이었는데, 선배가 한번 "가장 빠르니까 시스템 1은 직감. 늦어서 두 번째니까 시스템 2는 숙고."라고 가르쳐준 이후로는 잊어버리지 않게 되었기 때문에 여기에도 기재해둔다.

그런데 시스템 1은 직감적이라고는 해도 과거의 경험도 활용되고 있다. 예를 들어 '오후 미팅 때 졸음이 밀려오면 커피를 산다'는 것은 비즈니스맨으로서의 경험에서 오는 의사결정이다.

한편, 경험까지 소환하지 않는 경우도 있다. 오후에 동료가 브랜드 커피 미디엄을 주문한 후에 "넌 뭐?"라고 물었을 때 반사적으로 "나도 브랜드 커피 미디엄."이라고 말할 때는 일일이 졸음이니 미팅 등을 떠올리지 않고, 그냥 동료와 같은 것을 주문하는 것이다.

반대로 시스템 2는 '배트와 공의 가격 차이는 1달러이니까…….'라고 주의 깊게 계산하는 것과 같은 식으로 집중해서 생각한 끝에 나오는 의사결정이다. 예를 들어 '오후 미팅 때는 졸음을 방지하기 위해 커피'라고 시스템 1이 의사결정을 해도 '삼깐만, 아침부터 커피를 두 잔이나 마셨는데 너무 많이 마시면 위가 아프니까 물을 마시자. 오후에 클라이언트와 회의할 때도 커피를 내놓지 말자.' 따위로 생각한 후에 의사결정을 한다.

시스템 1은 '오후의 졸음에는 커피'라고 바로 직감적으로 판단한다. 이에 대해 시스템 2는 오전 동안의 섭취량이나 저녁에 또 마실 가능성이 있다와 같은 장래의 섭취 예정에 더해 '커피를 너무 많이 마시면 좋지 않다'는 등의 건강에 미치는 영향까지 종합적으로 검토하여 마지막에 '오늘은 물을 마시자.'라고 결정한다. 이처럼 좀 더 정교한 의사결정을 내릴 수 있다.

이 이야기를 하면 "시스템 1과 시스템 2가 교대하면서 의사결정을 하는 거야?"라는 질문을 받는데, 두 개의 시스템은 무의식하에서 연동하고 동시에 움직인다.

예를 들어 말하면 머릿속에 늘 흑과 백이 공존하는 상태로 때와 장소에 따라 배분이 다르고, 진회색이 되거나 연회색이 되곤 하지만 새까맣지도 새하얗지도 않다……. 그것이 시스템 1과 시스템 2다.

인간은 언제 시스템 1을
사용하는 경향이 있는가?

인간의 의사결정의 디폴트는 시스템 1이지만 '시스템 1보다 시스템 2가 뛰어나다'는 것도 아니다. '1425×70'을 암산하는 경우에는 곰곰이 생각할 필요가 있지만, 문제가 '1+1'이었다면 굳이 계산할 필요도 없이 즉각 '2'라고 답을 말하는 게 오히려 나을 것이다. 왜냐하면 모든 것을 주의 깊게 곰곰이 생각하다 보면 아무것도 결정할 수 없게 되기 때문이다.

'아침 식사는 요거트? 토스트? 아니면 밥과 국?' 하고 매일 아침 고민한다면 아무리 시간이 있어도 부족해질 것이다.

'오늘 아침의 위장 컨디션은 어떨까? 어제저녁엔 일식이었으니까 오늘 아침은 토스트를 먹을까? 그래도 이번 주엔 달리기를 하지 않았으니까 탄수화물은 피하는 게 나을까? 그리고 요즘엔 날씨가 나쁘니까 비타민D가 풍부한 아침을 먹어야 해……'

아침 식사부터 시작해서 무엇을 입을지, 출퇴근은 차로 할지 버스를 탈지, 오늘 일은 어떨지 하고 고민하다 보면 옴짝달싹 못 하게 되니 차라리 '시스템 1에 맡기는' 것이 나은 경우도 많다.

모든 것을 시스템 2로 생각한다면 뇌가 고장 나 버린다. 시스템 1은 결코 쓸데없는 것이 아니라 인간에게 필요한 사고 모드로 마련되어 있는 것이다.

다만, 앞에서 만한 배트와 공의 퀴즈와 같이 시스템 1으로 순식간에 판단하는 것에 의해 그것이 확신이나 편견이 되어 결국 틀린 의사결정으로 이어지는 경우가 왕왕 있다. 그러므로 인간이 언제 시스템 1을 사용하는 경향이 있는지를 알아두는 것은 잘못된 판단을 하지 않는 데 도움이 된다.

인간은 언제 시스템 1을 사용하는 경향이 있는지를 밝힌 연구가 있다. 그것을 정리하면 아래의 여섯 가지다.

- 피곤할 때
- 정보량이나 선택지가 많을 때
- 시간이 없을 때
- 동기 부여가 낮을 때
- 정보가 간단하고 너무 익숙할 때
- 기력이나 의지력(월 파워)이 없을 때

바쁠 때나 정보가 너무 많을 때 인간은 시스템 1으로 의사결정을 하려는 경향이 있다는 연구인데, 비즈니스맨은 모두 바쁘고, 늘 대량의 정보를 접하고 있다. 즉, 시스템 2의 엔진이라고도 할 수 있는 '주의력'은 항상 위기에 노출되어 있다.

또 업무에 익숙해졌을 때 실수하는 것은 '이 정도면 돼.'라고 끝내버리고 확실하게 검토하지 않고 시스템 1만 사용하는 것이 원인이다.

"고도정보화 사회에서는 사람들의 관심이 통화通貨가 되고, 관심을 모으는 것이 가치를 낳는다."

이 말은 1970년대에 심리학자이자 경제학자인 허버트 A. 사이먼이 관심경제(어텐션 이코노미)에 대해 말한 것이다. 정보 경제라는 말은 SNS의 팔로워 수로 인간의 가치가 매겨지는 오늘의 정보화 사회를 가리키는 듯한데, 반세기도 전부터 지적된 것이 지금 점점 현재화하고 있다.

1978년에 노벨 경제학상을 수상한 사이먼은 "풍부한 정보는 주의의 빈곤을 낳는다."라는 말도 했는데 많은 연구자가 같은 취지의 지적을 했다.

현대를 사는 우리는 시스템 1을 사용하는 경향이 강한 환경에 있는 것을 인식하고 의식적으로 사고할 필요가 있을 것이다.

시스템 1을 배제하는
'비유창성'

또 의식하는 것 외에 시스템 1을 배제하는 방법으로 '비유창성'을 이용하는 방법이 있다.

'유창성'이란 '막힘 없이 자연스러운 성질'을 말한다. '비유창성'은 그 반대이므로 일부러 '마찰'을 만드는 것에 의해 시스템 2를 가동시킨다는 것이다.

아래는 내가 박사 과정의 졸업논문으로도 발표했는데, 일부러 읽기 어려운 폰트나 포인트를 사용하는 비유창성이다.

"행동경제학은 비즈니스의 장면에서 매우 중요하다. 이 책을 통해 인지의 버릇·상황·감정의 세 가지로 체계화하는 것에 의해 행동경제학의 본질을 이해하고 종합적으로 배울 수 있다. 자신을 이해할 뿐만 아니라 동료나 상사, 또 고객을 이해하는 것으로도 이어진다."

이처럼 보통의 폰트와 포인트로 무언가를 써놓으면 지금까지의 반복처럼 느껴져서 술술 읽을 수 있을 것이다.

그러나 매우 읽기 어려운 폰트나 작은 포인트라면 어떨까?

"행동경제학은 비즈니스의 장면에서 매우 중요하다. 이 책을 통해 인지의 버릇·상황·감정의 세 가지로 체계화하는 것에 의해 *행동경제학의 본질*을 이해하고 종합적으로 배울 수 있다. 자신을 이해할 뿐만 아니라 동료나 상사, 또 고객을 이해하는 것으로도 이어진다."

갑자기 폰트가 바뀌어서 유창성이 방해를 받아 빨리 읽지 못하고 '뭐라고 쓰여 있지?' 하고 주의가 끌려서 시스템 2가 발동한다. 그 결과 그 정보를 확실하게 읽게 할 수 있다는 것이다.

다만 아무리 비유창성을 추가해도 앞에서 말한 89페이지의 여섯 가지가 고려되지 않으면 오히려 악영향을 주는 경우도 있으므로 주의해야 한다.

시스템 1이 '강력한 인지의 버릇'을 낳는다

'극장의 10달러'와
'심리적 회계'

전문가의 입장에서 한 가지 주의했으면 하는 것은 모든 의사결정이 시스템 1이나 시스템 2 중 어느 하나로 확실하게 나뉘는 것이 아니라는 점이다. 앞에서도 말했듯이 두 시스템은 동시에 작동하고 복잡하게 연동하고 있다.

그러나 그런 말을 들어도 마땅한 대책이 없어서 독자 여러분은 난처할 것이다. '시스템 1 vs 시스템 2'를 실제로 활용하기 위해서는 '인간의 비합리적인 의사결정에는 시스템 1이 깊이 관여하고 있다.'라는 것만 이해하고 있으면 될 것이다.

실제로 '인지의 버릇은 곰곰이 생각하지 않는 것에서 생긴다.'라는 것은 많은 연구로 증명되고 있으므로 관련된 행동경제학의 이론을 몇 가지 살펴본다.

돈은 숫자로 표시되고 가치도 일정하여 가장 합리적인 것처럼 생각하지만 실은 이것도 비합리적인 인지의 버릇의 영향을 받는다. 탈러가 정의한 '멘탈 어카운팅(Mental Accounting=심리적 회계)'이 대표적인 예로 인간에게는 '심리적 회계'가 있고, 같은 돈이라도 어떻게 취득하고, 어떻게 쓰느냐에 따라 자신의 심리적 가치가 달라진다는 이론이다. 조금 이해하기 어려운 사람들을 위해 예를 들어 설명한다.

카너먼과 토벨스키가 발표한 유명한 심리적 회계 연구는 '극장의 10달러'라는 연구다. 이 실험에서는 피실험자에게 아래와 같은 질문을 던졌다.

"당신이 극장에서 표를 사려고 지갑을 열었을 때 10달러짜리 지폐를 잃어버린 것을 알게 되었다. 그래도 당신은 지갑에서 10달러를 꺼내 당일표를 사겠는가?"

이 질문에는 88%의 사람이 'YES'라고 대답했다. 한편 이번엔 다음과 같은 질문을 던져보았다.

"당신은 미리 10달러의 예매권을 사두었지만, 극장에 도착하고 보니 예매권이 보이지 않았다. 그래도 당신은 지갑에서 10달러를 꺼내 당일표를 사겠는가?"

이 질문에 'YES'라고 대답한 사람은 46%. 절반 이상의 사람은 'NO'라고 대답했다.

두 질문 중 어느 경우나 잃어버린 돈의 가치는 10달러로 바뀌지 않았다. 그러나 같은 10달러라 해도 지폐를 잃어버린 경우와 예매권을 잃어버린 경우의 그 후 행동이 달라진다는 것은 그 10달러에 대해 느끼는 심리적 회계가 다르다는 뜻이다.

즉, 심리적 회계란 인간의 마음속에 '그 돈이 무엇을 위한 돈인지', 무의식적으로 '분류'가 되어 있다는 것이다. 조금 전 실험의 경우 피실험자의 마음속에는 무의식적으로 '극장에서 쓰는 돈은 10달러'라고 분류되어 있다.

두 질문 중 전자의 경우, 잃어버린 10달러는 극장과는 관계가 없는 10달러다. 잃어버린 것에 대한 충격은 받겠지만, 그것과 '극장을 위해 쓰는 10달러'는 '별도의 회계'인 것이다. 그래서 10달러를 꺼내는 것에 저항감이 없었다.

한편, 후자의 예매권을 잃어버린 경우, 예매권을 산 시점에서 피실험자는 이미 '극장을 위해 쓰는 10달러'는 써버렸다. 그 예매권을 잃어버린 것이므로 잃어버린 10달러(의 예매권)는 '극장을 위해 쓰는 10달러'로 회계되어 있는 것이다. 그러므로 그 외에 10달러를 꺼내는 것은 극장을 위해 다시 추가로 10달러를 꺼내는 것이 되어버려서 거기에 심리적인 저항감이 생긴다.

합리적으로 생각하면 손해를 본 것은 같은 10달러이므로 행동이 바뀐다는 것은 비합리적이다. 그러나 실제로는 이처럼 인간은 비합리적인 행동을 한다.

마치 회계(가계부)상 각각의 돈이 무엇을 위해 쓰였는지가 분류되어 있는 것처럼 인간의 마음속에는 각각의 돈이 무엇을 위해 쓰여야 하는지 무의식적으로 분류되어 있고, 그 분류에 따라 같은 금액의 돈이라도 가치가 달라진다. 이것이 심리적 회계다.

심리적 회계에는 이외에도 여러 예가 있는데, 예를 들어 많은 사람이 하고 있는 '월급에서 저금하는 아이의 교육비가 30만 원, 대출금 상환이 80만 원, 식비가 60만 원, 교제비가 30만 원……'이라는 돈의 배분에도 영향을 준다.

"이번 달엔 식비를 너무 많이 썼지만, 교제비는 줄었어."

이때 합리적으로 생각하면 교제비로 쓰지 않은 돈 만큼 식비로 돌리면 전체적으로는 균형을 이룰 것이다. 교제비를 쓰지 않았다는 것은 그만큼 밖으로 나가지 않고 집에서의 식사가 늘어나서 식비가 늘었다고 생각하는 것도 합리적일 것이다.

그러나 인간에게는 무엇에 얼마를 할당해야 하느냐가 별개로 배분되는 편향이 있다. 그러므로 식비를 정해진 범위의 금액으로 억제하려고 바쁜데도 마트를 몇 군데나 돌아다니며 저렴한 식자재를 찾는 등, 쓸데없는 시간과 품을 들인다. 이 비합리적인 행동도 심리적 회계에 의한 것이다.

또 '예상하지 못한 수입'이 들어왔을 때도 인간은 심리적 회계에 의해 비합리적인 행동을 하고 만다. 예를 들어 코로나 상황에서 경험한 바 있는 정부의 생활 지원금, 특별 보너스, 서랍 정리를 하다 우연히 발견한 돈.

이때도 만약 합리적으로 생각하면 '저금을 못 하는 우리 집의 사정을 생각해서 미래를 위한 자금으로 남겨두자.'가 되겠지만, 심리적 회계상으로는 '기분 좋은 임시 수입'으로 분류된다. 그 탓에 외식비로 써버리거나 과감히 비싼 와인을 사는 등 결국 쓸데없는 소비로 없애버리는 일이 일어난다.

그러므로 '심리적 회계'라는 비합리적인 것을 갖고 있다고 자각하는 것은 매우 중요하다.

'절제 편향'이란
무엇인가?

"처음엔 딱히 살 생각이 없었는데 나도 모르게 구매 버튼을 클릭하고 말았다."

이것은 인터넷 쇼핑을 하다 보면 종종 있는 일인데, 인간은 자신이 생각하는 것만큼 절제력이 강하지 않다. 그런데도 '난 유혹에 넘어가지 않아. 충동적인 행동을 억제할 수 있어.'라고 자신을 과대평가하는 인지의 버릇을 갖고 있다. 이것을 행동경제학에서는 '절제 편향(Restraint Bias)'이라고 부른다.

예를 들어 다이어트 중인 사람이 퇴근길에 피곤하고 공복인 상태에서 편의점에 들어갔다고 하자.

'내일 아침에 먹을 요구르트만 사자.'라고 다짐하면서도 상품을 보면 자기도 모르게 맥주나 주스, 먹으면 바로 살로 갈 것 같은 기름진 음식도 사고 만다. 유혹에 넘어가 버린 것이다.

이것이 아침이었다면 컨디션이 좋아서 시스템 2도 제대로 작동할 것이고, 의지력도 강할 것이다. '아니야, 아니야. 요구르트만 사자.'라고 절제할 수 있을 것이다. 그러나 밤에 사도 괜찮다는 것은 절제 편향. 공복이고 피곤하다고 자각하고 있을 때는 요구르트만 손에 들고 다른 것은 아무것두 부지 않고, 생각하지 않고, 계산대로 직행해야 한다.

'유혹에 약한데 유혹에 약한 것을 이해하지 못한다'는 비합리성에 대처하려면 유혹될 법한 상황에 놓이지 않는 것이다.

아무것도 살 생각이 없으면 가게에 들어가지 않는다. 유혹에 넘어가지 않겠다고 의지력에 기대는 것보다 '자신은 유혹에 약하다.'라고 인식하고 시스템을 만드는 것이 중요하다.

나는 최근에 "건강에 대한 의식을 높이고, 간식도 끊고 싶다."라는 친구로부터 상담을 받은 적이 있는데, 이야기를 듣고 놀란 것은 집에 과자를 산처럼 쌓아놓고 있다는 것이다. 우선은 그 과자를 전부 치워버리라고 조언하고, 도저히 먹고 싶어서 참을 수 없을 때는 과자 하나만 살 수 있는 현금만 들고 가서 사라고 권했다. 이처럼 어떤 행동을 그만두고 싶을 때는 '사소한 수고'를 더하는 것도 효과가 있다. 그 외에 낭비를 멈추고 싶은 사람은 은행의 현금인출카드만 들고 신용카드나 스마트폰은 놔두고 외출한다. 뭔가 사고 싶은 것이 있으면 ATM기에서 현금을 인출해 사는 필요성을 만든다.

또 미국에서는 이전에 신용카드를 냉동실에 얼려서 녹을 동안은 쓸 수 없게 만드는 방법이 화제가 되기도 했다.

그 외에도 맥주를 좋아하지만 마실 때의 양을 조금 줄이고 싶을 때는 일부러 냉장고에 넣지 않고 상온에서 보관한다는 친구가 있다. 그렇게 하면 냉장고에 넣고 두 시간쯤 기다리는 사이에 '에이, 마시지 말자.'라고 맥주를 마시는 것 자체를 그만두는 경우가 많다는 것이다. 이처럼 일부러 사소한 수고가 필요해지도록 해놓고 스스로 유혹을 극복하는 시스템을 만들어두자.

미시간주와 위스콘신주, '매몰비용'이 초래한 선택의 결과는?

비즈니스서를 자주 읽는 사람이라면 '매몰비용(Sunk Cost)'이라는 용어를 잘 알고 있을 것이다. 매몰비용이란 일단 무언가를 시작하면 설령 성과가 나오지 않아도 거기에 쓴 시간·돈·노력이 아까워서 멈추지 못하고 계속한다는 비합리적인 편향이다.

예를 들어 열심히 준비해서 시작한 새로운 프로젝트라고 해서 '역시 이건 안 되는구나.'라는 생각이 들어도 중단하지 못한다. 도저히 안 된다고 생각하면서도 '일단 마지막까지 하자.'라고 계속하고 만다…….

본전을 되찾고 싶어 하는 것이 인간의 심리이고, 도박에서 '50만 원이나 잃었으니 앞으로 30만 원만 더 질러서 원금을 회수하자.'라고 무모해지는 것도 마찬가지로 매몰비용이 작용한 결과다.

조금 오래된 얘기지만 1985년, 매몰비용에 대해 오하이오 대학교의 헬 아르케스와 캐서린 블루머가 발표한 연구가 있다.

실험의 피실험자는 '스키 여행에 삼가한다'는 설정을 들었다.

"당신은 겨울방학 때 스키 여행을 계획하고, 미시간주 플랜에는 100달러, 위스콘신주 플랜에는 50달러의 예약금을 지불했습니다. 어디나 스키어들에게는 인기가 높지만, 설질도 스키장 설비도 위스콘신주 쪽이 좀 더 나아서 스키를 즐기기에 좋습니다."

이 설명을 들은 후 피실험자는 이런 질문을 받았다.

"실은 두 플랜이 같은 날 예약되어 있고, 두 곳 중 한 곳에만 갈 수 있습니다. 취소해도 환불되지 않는다면 어디로 가고 싶습니까?"

어느 플랜을 선택해도 가지 않은 쪽에 지불된 예약금은 돌려받지 못한다. 즉, 100%의 피실험자가 스키를 즐기기에 좋은 위스콘신주를 선택하는 것이 합리적인 판단이 되겠지만, 54%의 피실험자가 "미시간주 플랜을 선택한다."라고 대답했다. 아르케스와 블루머는 절반 이상의 피실험자가 미시간주를 선택한 것은 100달러라는 더 많은 초기 투자를 했기 때문이고 "매몰비용의 오류를 증명하는 것이다."라고 결론지었다.

다시 말해서 매몰비용에 얽매여서 즐겁지 않은 쪽의 여행을 선택한다는 비합리적인 결과가 되어버린 것이다.

관심경제 시대에
알아야 하는 '기회비용'

합리적으로 생각하면 계속해봐야 헛된 일인데 무엇 때문인지 계속하게 되는 매몰비용도 곰곰히 생각하지 않는 것에 의해 야기되는 인지의 버릇이지만, 매몰비용이 어떤 것인지 아는 것만으로는 의미가 없고, 더불어서 알아두어야 할 것은 '기회비용(Opportunity Cost)'이다.

앞에서 말한 매몰비용은 사실 지금까지 투입한 시간·돈·노력이 허사가 되는 것만이 아니다. 그 시간에 성공으로 이어질 수 있는 다른 일을 할 수 있었을 텐데 그것을 할 수 없게 되었다는 기회 손실이 가장 뼈아픈 것이다.

제대로 진행되지 않는 프로젝트를 매몰비용을 생각해서 질질 끌고 있으면 그 시간에 새로운 프로젝트를 시작할 기회를 잃고 만다. 이미 망한 프로젝트를 계속 끌고 가는 에너지나 예산, 인재를 다른 곳으로 돌리면 새로운 기회가 생길 것이다. 이것이 '기회비용'이다.

종신고용이 주류가 아닌 미국에서는 전직이 흔한 일인데, 그래도 인생의 큰 의사결정이라는 이유로 종종 상담이 들어온다. 대개는 '지금까지 열심히 했다'는 매몰비용이나 현상 유지 편향이 작동하여 주저하는 경우가 많은데, 그럴 때 나는 기회비용에 대해서도 생각하도록 조언한다. '전직하는 것에 의해 잃는 것'이 아니라 '전직하지 않는 것에 의해 어떤 기회를 잃는가'라는 본래의 시점도 고려해봄으로써 줄곧 고민해왔던 것을 새로운 각도에서 생각할 수 있다.

이처럼 기회비용을 알면 포기하거나 중도에 그만두는 것의 중요성을 이해할 수 있다. 또 '중단'이라는 선택지 역시 중요한 의사결정 중 하나다.

관심경제의 시대, 공사다망한 비즈니스맨은 자신의 시간과 주의를 어디에 쓰는지 늘 의식하고 있는 것이 중요하다. 그러기 위해서는 인지의 버릇을 자각하고 제대로 생각하지 않으면 안 된다. 그런 의미에서 매몰비용은 쓸데없는 일에 의식을 기울이는 것일 뿐만 아니라 성공할 수 있는 다음 기회도 날려버리는 것이라고도 할 수 있다.

'핫핸드 효과',
왜 '마이클 조던 이상'을 기대하는가?

이외에도 시스템 1에 의해 생기는 인지의 버릇이 있다. 그것이 '핫핸드 효과(Hot Hand Effect)'다. 핫핸드 효과란 어떤 일이 연속해서 일어나면 다음에도 같은 일이 일어날 것이라고 확신하는 인지의 버릇이다. 실제로는 다음에도 같은 일이 일어날 근거 따위는 어디에도 없는데, 그럴 것이라고 확신한다는 의미로 역시 비합리적인 의사결정이다.

예를 들어 농구 시합에서 A선수가 슛을 세 번 해서 세 번 모두 들어 갔다고 하자. 시합은 접전. 다시 공이 A선수에게 돌아왔다. 네 번 연속 골인을 기대하며 팀 동료와 관객들이 마른침을 삼키며 지켜본다.

"쟤라면 무조건 넣을 거야."라며.

이처럼 시스템 1이 발동하여 '쟤라면 할 수 있어!'라고 생각하지만, 실제로 시스템 2가 발동하여 통계학적으로 생각해보면 바로 있을 수 없는 일이라고 알게 될 것이다. 농구의 신 마이클 조던조차 슛 성공률 은 약 50%, 대략 두 번에 한 번은 벗어난다. 첫 번째도 두 번째도 세 번째도 확률은 매번 50%. 세 번 연속 골인이 되었다고 해서 네 번째 확률이 100%가 되는 것은 있을 수 없다. 수학을 못 하는 사람도 알 수 있을 것이다.

통계학적으로도 각각의 슛은 확률적으로는 독립된 것이기 때문에 그때까지의 직전 실적에 의해 다음 슛이 들어갈 확률을 예상하는 것은 불가능하다. 즉, 세 번 연속 골을 넣은 A선수가 다음에도 넣을 것이 틀림없다는 것은 인지의 버릇이었던 것이다.

그런데 그래도 가능하다고 생각하는 것이 인간이다.

이 인지의 버릇을 증명하기 위해 스탠퍼드 대학교의 토벨스키 등은 실제 관객을 대상으로 조사를 시행했다.

시합을 보던 관객의 91%가 직전에 몇 번이나 슛을 계속 성공시킨 선수는 그렇지 않은 선수보다 다음에 넣을 확률이 높다고 생각하고 있었다. 또 관객의 68%가 자유투에 대해서도 같은 생각이었다. 관객을 대상으로 한 결과와 마찬가지로 선수를 대상으로 한 조사에서도 비슷한 결과를 얻을 수 있었다.

이 인지의 버릇은 핫핸드 효과라 불린다. 농구에서 유래하는 말인데 미신이나 점, 징크스 같은 것도 해당한다. 연속된 행운이 계속 따를 때 우리가 흔히 쓰는 "저 녀석은 재수가 참 좋아!"라는 말도 'hot hand'와 같은 의미다.

'핫핸드 효과'는 비즈니스의 현장에서도 볼 수 있다. 성과를 올리며 성공 가도를 달리는 사람이 있으면 '다음에도 틀림없이 할 수 있어.'라고 자신은 물론 주위에서도 생각한다는 것이다.

예를 들어 출판사에서 한 편집자가 세 권 연속 베스트셀러를 만들어 냈다고 하자. 그 사람은 능력을 인정받아 "B의 기획이라면 틀림없지."라고 바로 기획안은 통과되고, 상사도 영업부도 응원해준다.

한편 히트작이 없는 C는 아무리 기획안을 내도 "이런 건 팔릴 리가 없어."라고 회의에서 반려되고 만다.

주위의 확신이 핫핸드 효과가 되어 사내에서 대우를 받는 사람과 그렇지 못한 사람이 나온다는 것이다.

책이 잘 팔릴지 안 팔릴지는 농구의 슛만큼 명확하지 않지만, 확실히 C보다 B 쪽이 실력이 좋을 가능성은 있고, 베스트셀러를 만들 확률도 사람에 따라 다르겠지만, 가령 B가 베스트셀러를 만들 확률이 60%이고 C가 40%라 해도 B의 다음 기획물이 잘 팔릴 가능성은 60%이고, 반대로 말하면 40%는 팔리지 않는다는 말이다. C의 기획물이 잘 팔릴 확률은 40%라도 이번 기획물은 그 40%의 확률로 대박이 날지도 모른다.

기대는 B에게 '좋은 확신'을 주지만 의미도 없이 과도하게 기대하면 '전에 잘했던 사람이 잘한다.'라는 과거에 연연하는 전례주의前例主義가 되거나 앞으로 베스트셀러를 만들지도 모르는 C의 싹을 꺾어버리곤 한다. 핫핸드 효과는 취급에 주의해야 한다는 말이다.

내가 말하고 싶은 것은 잠깐 멈춰 서서 생각하지 않고 기대부터 하는 것은 비합리적인 판단의 원인이 되어버릴지도 모른다는 것이다.
'과거의 성공에 연연하여 인지의 버릇이 나와버려서 시스템 1으로 인간을 판단하지 않는가?' 하고 시스템 2로 심사숙고하여 셀프 체크하는 것이 중요하다. 특히 비즈니스맨이라면 핫핸드 효과와 같은 '자신의 비합리적인 인지의 버릇'으로 부하 직원이 성장할 수 있는 싹을 꺾어서는 안 된다.

매도날드의 설문 조사가
폭망한 이유

내 직업은 행동경제학을 어떻게 비즈니스에 도입하느냐를 기업에 컨설팅하는 것이다. 행동경제학이 '인간(의 행동)'을 연구 대상으로 삼는 것이기에 기업이 도입하는 행동경제학의 용도는 다방면에 걸쳐 있다.

이해하기 쉽게 예를 들어 설명하면 마케팅이나 홍보, 판매 전략 등의 데이터가 되는 마케팅 리서치가 있다. 기업의 고객은 바로 '인간' 그 자체. '인간의 행동'을 과학적으로 이해함으로써 상품이나 서비스의 판매 촉진으로 연결할 수 있다.

한편, 비즈니스와 관련된 '인간'은 고객뿐만이 아니다. 기업의 종업원도 마찬가지로 인간이므로 인사 정책에 행동경제학을 도입함으로써 종업원의 만족도 향상으로 연결하는 기업도 있다.

학술적인 세계와는 전혀 다른 비즈니스맨들을 만나는 동안 깨달은 것이 있다. 클라이언트가 대기업의 경영진이든 신생 기업의 젊은 사원이든 회의실에서는 잘못된 논의가 이루어진다는 것이다.

"왜 고객은 우리 회사의 이 상품을 사지 않을까? 이 기능을 추가했다면 더 잘 팔리지 않았을까?"

"이 앱의 다운로드 수가 늘지 않는 이유는 뭘까? 가격설정이 잘못된 건 아닐까?"

이런 논의는 기업에서 빈번하게 행해지는 일일 것이다. 왜 이런 논의가 잘못됐다는 것일까?

회의실의 이러한 논의는 시스템 2로 소비자를 생각하기 때문이다. 당신이 무언가를 살 때를 떠올리면 이해하리라 생각하지만, 소비자는 실제로 깊이 생각하고 상품이나 서비스를 사는 것이 아니다. 대부분은 시스템 1을 사용하여 순간적인 사고로 구매한다.

예를 들어 '상품 A는 가격이 저렴하고 품질이 좋다.'가 되면 소비자는 합리적으로 판단하여 A를 살 것 같지만 실제로는 다르다. 소비자는 아무 생각 없이 상품 B를 사거나 합리적이라고는 할 수 없는 의외의 이유로 상품 C가 폭발적으로 팔리곤 한다.

혹은 유저가 앱을 다운로드할 때 '유사한 앱을 모두 비교·검토한 결과 B앱이 편리성이 좋고 무료로 여러 가지를 할 수 있다.'는 합리성에 근거하여 의사를 결정하는 경우는 별로 없다. 스마트폰을 만지작거리다 '왠지 좋아 보인다.'는 이유로 깊이 생각하는 일 없이 다운로드하는 사람이 많을 것이다.

이처럼 마케팅 리서치를 할 때와 실제 일상생활에서는 괴리가 있기 때문에 조사 데이터를 곧이곧대로 받아들일 수 없다는 것은 실험에서도 증명되었다.

이번 실험에서는 기숙사 생활을 하는 학생이 대상이고, 그 대부분의 학생은 병설 식당에서 식사를 한다. 그런 학생이 다음 두 카피 중 어느 쪽으로 움직이는지를 검증했다.

- **카피 1:** 건강한 삶을 위해 하루에 다섯 종류의 채소와 과일을 먹자!
- **카피 2:** 하루에 다섯 종류의 과일과 채소를 식판 위에 놓자!

학생들에게 설문 조사를 한 결과 '의미가 좋고 효과적일 것이다.'라고 선택받은 것은 카피 1이었다. 이 설문 조사만을 근거로 하면 카피 1 쪽이 나아 보일 것이다. 그런데 실제로 대학생들의 식생활 개선에 도움이 된 것은 카피 2였다.

왜냐하면 카피 1 쪽이 말로서의 울림은 좋아도 막상 기숙사 식당에서 시스템 1으로 선택하게 되었을 때 머리에 떠오르는 것은 카피 2 쪽이기 때문이다.

이 실험은 마케팅 리서치 등에서 설문 조사를 통해 정해진 광고 문구는 효과가 나오지 않는 경우가 왕왕 있다는 것을 나타내고 있다. 여기서 알아두어야 할 것은 소비자 자신도 무의식적으로 행동하기 때문에 자신이 왜 그렇게 행동했는지를 말로 표현하기가 불가능하다는 것이다. 행동경제학을 이해하고 있으면 마케팅 리서치의 한계를 의식하면서 고객의 행동에 대해 그 배경을 읽어내고 유연하게 해석하는 것이 가능하다.

많은 기업에서도 마케팅 리서치로서 설문 조사를 시행하는데, 이 방법으로 소비자의 심리를 파악하는 것은 어렵다고 본다. 그것은 세계적인 기업인 맥도날드도 마찬가지다.

맥도날드 하면 주력 상품인 '햄버거나 프라이드 포테이토'를 빠르고 맛있게 먹을 수 있다는 것이 장점으로 1955년에 프랜차이즈 사업을 개시한 이래 급성장했다.

그러나 시대가 바뀌어 최근에는 '건강 지향'의 경향이 강해졌다. 맥도날드가 실시한 설문 조사도 그 예에서 벗어나지 않고 '건강에 좋은 메뉴를 늘려달라'는 요청이 많아졌다고 한다. 그래서 맥도날드로서는 '소비자가 요구하는 것'을 제공하려고 2013년 사이드 메뉴에 샐러드와 과일을 추가했다. 고객의 요청대로 전 세계의 건강 지향에 맞춰 좀 더 폭넓은 메뉴를 제공하려고 한 것이다.

그러나 이 전략은 기대에 어긋났다. 맥도날드가 대규모로 마케팅을 실시했음에도 불구하고 실제 고객이 구매한 것은 '건강한 메뉴'가 아니라 '기름에 튀긴 패스트푸드'였다.

참고로 일본 맥도날드에서도 2006년에 마케팅 리서치를 근거로 건강에 좋은 '샐러드 맥'을 발표했으나 실패로 끝난 예가 있다.

이건 행동경제학을 근거로 생각해보면 쉽게 납득할 수 있는 결과다. 앞에서도 말했듯이 '인간은 시간이 없을 때, 피곤할 때와 같은 경우에 시스템 1에 의존하여 의사를 결정하는' 경향이 있다.

그럼 우리가 맥도날드에 갈 때는 어떨까? 일본에서는 어떨지 모르겠지만, 특히 드라이브스루가 매상의 대부분을 차지하는 미국에서는 '바쁠 때, 또는 피곤할 때' 가는 경우가 많다.

즉, 고객이 맥도날드에서 주문할 때는 '건강에 유념해서 주문하는' 것이 아니라 '아무 생각 없이 눈에 보이는 대로 결정한다'는 '시스템 1'의 의사결정이 이루어진다.

한편 인간이 설문에 답할 때는 어떨까. 기입식이든 구두든 조사 대상자는 곰곰이 생각하는 '시스템 2'로 대답한다. 인간은 '시스템 2'가 작동하면 '○○해야 한다.'라는 합리적이고 이상적인 행동을 염두에 두고 대답하는 경향이 있는 것이다.

이러한 차이로 인해 행동경제학의 식견이 없는 설문 조사로는 소비자의 진짜 심층 심리를 끌어내는 것은 어렵다. 이 차이를 회피하기 위해서는, 시스템 1으로 제품을 사는 소비자를 이해하려고 생각했다면, 역시 회의실의 논의도, 고객 이해도, 시스템 1의 관점에서 생각해야 하는 것이다. 최근에는 맥도날드도 행동경제학을 도입하기 시작했고, 고객이 어떻게 시스템 1으로 메뉴를 보고 의사결정을 하는지를 모색하고 있다.

또 많은 소비자가 실제 상품을 구매·사용할 때의 상황과 설문 조사에 답할 때의 상황도 많이 다르다('상황'에 대해서는 제2장에서도 설명한다).

기본적으로 설문 조사에 의한 정량 조사(설문 조사의 결과를 수치화하여 데이터를 분석하는 조사)는 이 딜레마에 빠져버리기 때문에 소비자가 왜 상품을 구매하고, 어떻게 사용하는지를 이해하기에는 한계가 있다. '소비자가 그 상품이나 서비스를 사는 이유는 소비자 자신도 좀처럼 말로 표현할 수 없다'. 이것을 전제로 인식할 필요가 있다.

한편 정성 조사(대면하여 청취하는 조사)라면 좀 더 세밀한 뉘앙스를 이해할 수 있을 것이다. 그러나 이것도 소비자가 대답하는 것을 그저 단순하게 곧이곧대로 받아들여서는 안 된다.

"왜 우리 회사의 제품을 구매했습니까?"

이렇게 물었을 때 상대가 "품질이 높고 디자인도 예뻐서."라고 대답했다고 해도 그것은 조사 현장에서 생각한 제한적인 대답일 수 있다. 약간의 허세를 부리며 지혜로워 보이는 구매 이유를 말하는 경우도 있고, 질문자의 안색을 보고 '무심코 상대가 기뻐할 만한 대답을 해버리는' 경우도 드물지 않다.

그러나 실제 구매는 비합리적인 의사결정을 기초로 이루어지고, 기분, 가장 손이 가기 쉬운 곳에 상품이 진열되어 있었다는 우연, 시간대의 영향 등 다양한 무의식적 요소가 작용하고 있다.

이러한 것으로부터 회의실의 논의든 설문 조사든 행동경제학을 고려한 쪽이 소비자의 심리를 좀 더 깊게 이해할 수 있다. 왜냐하면 행동경제학은 바로 인간(소비자)의 무의식적인 의사결정(구매 이유)을 과학하는 학문이기 때문이다.

기업의 경영진이 리서치 결과를 보고 '설문 조사에 의하면 응답자의 80%가 건강에 좋은 메뉴를 선택한다고 대답했는데, 왜 과일 샐러드가 팔리지 않지? 왜 초콜릿 케이크가 매상이 높은 걸까?'라고 고개를 갸웃거리는데, 이것은 당연하다면 당연한 결과다. 인간의 심리나 행동은 비합리적이니까.

인간을 이해하려면
고찰보다 관찰을 하라

이러한 것으로부터 소비자나 종업원 등 대상이 되는 인간을 이해하려고 생각했다면 '고찰'에는 한계가 있다. 그보다도 '관찰'을 하는 것이 중요하다. 옆에서 몰래 보며 그 사람이 무의식적으로 어떤 행동을 하는지를 파악하는 것이다.

그런 '관찰'을 하는 방법으로 내가 클라이언트에게 권하는 마케팅 리서치 방법이 '에스노그라피(Ethnography)'다. 에스노그라피란 민족학에서 하는 필드워크(Fieldwork) 조사로 사람들의 일상생활에 밀착하여 매일매일의 습관, 의식儀式, 식사, 언어, 여가를 보내는 방법 등 있는 그대로의 모습을 관찰하며 행동 양식이나 문화를 이해하는 조사방법을 가리킨다. 상대를 그냥 관찰함으로써 좀 더 본질에 가까운 이해가 가능해 비즈니스의 현장에서도 도입되고 있다.

고객 모두에게 에스노그라피를 사용하는 것은 무리이지만, 주력 상품의 개발이라면 타깃이 될 법한 사람들에게 생활 모습을 영상으로 찍어 보내게 하는 방법도 있다.

또 인사나 매니지먼트에 활용하려면 사내 설문 조사에만 의존하지 말고 종업원들의 평소 모습을 주의 깊게 관찰하는 것도 효과적이다.

참고로 미국의 〈언더커버 보스〉라는 TV 프로그램을 아는가? 미국에서는 인기 TV 프로그램으로 기업의 사장이 변장하고 자사의 공장 등에서 종업원들과 섞여 일한다는, 에스노그라피를 다큐멘터리로 만든 듯한 설정이다. 많은 사장이 실제로 공장에서 제품을 함께 만들어 보고 '데이터로는 전혀 알 수 없었던 문제점이 많았다!'라고 깨닫게 되는 것이 이 프로그램의 인기 비결이다. 경영자쯤 되면 조직의 하부 위치에서 일하는 사람들의 행동 심리를 알 수 없기 마련인데, 설문 조사의 데이터나 인사 면담을 통한 대답만 모아서 개선하는 것은 무리가 있다.

책임이 있는 사람, 결정력이 있는 사람일수록 실제로 관찰하는 것이 중요하다. 관찰 결과 실제 인간이 얼마나 비합리적인지 알게 되면 보다 적절한 의사결정을 하고, 시책을 강구하는 것도 가능해진다.

정량 조사는 한 번에 대량의 데이터를 수집할 수 있고, 행동 이력 등 시스템 2로 대답하기 쉬운 질문에는 적절하지만, 인지의 버릇을 이해 하고 그것을 효과적으로 활용하는 마케팅을 하고 싶다면 '정성 조사(인 터뷰)와 에스노그라피'를 활용하여 종합적으로 판단하는 것이 가장 좋 다. 그러나 현실적으로는 '거기까지 리소스를 할애하는 것이 어려운' 기업이 대부분이다. 그렇다면 어느 한쪽이 좋다는 것이 아니라 '무엇을 알고 싶은가'에 맞춰 나눠서 사용하면 될 것이다.

'풋 인 더 도어'로
길거리에 스티커를 붙여라!

지금까지 어떻게 행동경제학을 사용하여 비합리적인 자신, 그리고 타인을 이해하는지를 이야기했다. 행동경제학은 그뿐만이 아니라 상 대와의 '교섭'을 어떻게 잘 끌고 갈 수 있느냐에도 적용할 수 있다.

인간의 행위에는 '교섭'이 따라다니기 마련인데, 매일 교섭이 반복 되는 것은 비즈니스에만 한정된 이야기가 아니다.

자기 대신 설거지를 해준다, 선거 운동에 협력해준다, 동료에게 업 무상 도움을 받는 것도 교섭이다. 인간관계는 의뢰와 동의로 연결되고 하루하루가 교섭의 연속인 것이다.

행동경제학을 교양으로 익혀두면 교섭의 원리원칙을 자유자재로 구사할 수 있다.

그래서 인지의 버릇 중 하나로 소개하고 싶은 것이 '풋 인 더 도어(Foot in the Door)'다. '작은 부탁부터 시작해요.'라는 것이다.

누군가를 찾아가서 느닷없이 집에 들어가게 해달라면 거절당할 것이다. 그러니 우선은 한 걸음, 발끝을 들이민다. 즉, 의뢰할 것이 있다면 처음부터 큰 의뢰를 하지 않고 작은 것부터 시작하라는 말이다.

예를 들어 자신이 사는 아파트의 주민자치회에서 '안전운전 캠페인'을 실시하게 되어 당신이 임원으로서 협력자를 모으게 되었다고 하자.

캠페인을 지역 사람들에게 알리기 위해 "아파트의 자기 집 창문에 밖에서 보이도록 큰 포스터를 붙여주세요."라고 거주자에게 부탁하러 다니게 되었다.

자, 당신이라면 어떻게 할까?

같은 아파트에 산다는 이유만으로 잘 모르는 사람에게 느닷없이 "당신 집의 창문에 큰 포스터를 붙여주세요."라고 부탁해봐야 좀처럼 동의해주지 않을 것이다. 실제로 이러한 실험을 한 조너선 프리드먼의 조사에서는 커다란 포스터는 아파트 주민 중 16.7%만이 붙여주었다.

그래서 프리드먼의 실험에서는 우선 작은 스티커를 만들어서 주민들에게 나눠주고 "창문이나 차 안에 붙여주세요."라고 부탁해보았다. 눈에는 띄지 않지만 여기서부터 안전운전의 중요성을 떠올리게 하기 위해서였다.

그리고 그로부터 2주일 후 주민들에게 "커다란 안전운전 포스터를 자택의 창문에 붙여주세요."라고 부탁했다. 그때 스티커는 처음 것의 두 배로 사이즈가 커졌지만, 76%의 주민들에게 허락을 받았다. 이 풋 인 더 도어 효과로 최종적으로는 당초 창문에 붙이기를 바랐던 '밖에서 보이는 커다란 포스터'를 다섯 배 정도의 주민들에게 허락받는 데 성공했다.

최초의 작은 부탁은 받아들일 때의 장애물이 낮다. 그래도 부탁을 들어줄 때 상대에게는 '나는 교통안전을 의식하고 있고, 자치단체의 부탁을 들어주는 사람이다.'라는 마음이 생긴다.

그 마음의 일관성을 유지하기 위해 2주일 후 "조금 더 큰 포스터로 바꿔주세요."라는 부탁을 받아도 OK해버리는 것이다. 승낙하지 않으면 '교통안전을 의식하고 있고, 자치단체의 부탁을 들어주는 좋은 사람'이라는 자기 이미지와 모순되기 때문이다.

당분간 큰 스티커를 붙이고 있으면 어떤 일이 그대로 계속되는 일관성의 효과가 생긴다. 이윽고 스티커를 붙인 주민의 마음속에 '이렇게 계속 응원해왔으니까 캠페인 분위기를 더 띄워야 해.'라는 매몰비용도 생겨서 더욱더 협력하게 된다.

작은 부탁부터 시작해서 크게 호의적인 응원까지 받는다. 이것은 인지의 버릇을 이용한 교섭의 기본이라 할 수 있다.

물론 작은 부탁에 이어지는 큰 부탁은 어떤 관련성이 있는 쪽이 효과가 높아진다. 즉, '교통안전 캠페인' 스티커를 부탁한 후에 아무 관계가 없는 '지진 피해자를 위한 기부'를 부탁해봐야 들어줄 확률은 낮을 것이다.

구글의 채용과
'확증 편향'

급격하게 변화한 정보사회로 다양한 정보가 난무하는 시대이지만, 우리는 모든 정보를 평등하게 처리할 수 있을까? 여기서는 우리가 정보를 받아들일 때 어떻게 비합리적인 처리를 해버리는지 이야기한다.

먼저 거론할 것은 '확증 편향(Confirmation Bias)'으로 이것도 인지의 버릇이다. 무언가를 믿게 되면 그것을 증명하기 위한 근거만 모으기 시작하는 편향이다.

예를 들어 '이 플랜은 무조건 성공한다.'라고 생각하고 과거의 데이터를 조사하기 시작하면 성공 사례만 찾아내고 '역시 잘될 게 틀림없어!'라고 확신한다. 자신에게 유리한 정보나 믿고 싶은 조사 결과만 모으고, 모을 뿐만이 아니라 '무조건 이거다.'라고 믿고 의사결정을 하고,

행동한다……. 인간이라면 누구나 확증 편향을 갖고 있다.

비즈니스 외에도 확증 편향은 있다. 예를 들어 한번 갖고 싶다고 생각한 가전제품의 구매를 고려할 때 '전기 소비량이 많다.' 등의 나쁜 정보는 무시하고 '고성능이라 여러 가지를 할 수 있다.'라는 좋은 정보에만 눈이 간다.

"저 사람은 역시 전형적인 B형이야. 말이 재미있고 독특해……." 따위로 말하는 사람도 있는데 이것도 확증 편향이 작용한 것이다. 자신의 혈액형을 모르는 사람이 많은 미국에서는 'A형은 이런 사람이고, B형은……'이라는 말이 나올 일은 없기에 일본인 특유의 확증 편향일지도 모른다.

지위가 높은 사람일수록 확증 편향에 주의할 필요가 있다. 그 이유를 알겠는가? 사람은 지위가 높아지면 일반 소비자의 심리와 동떨어지게 되고, 소비자를 '이럴 것이 틀림없다.'라고 단정 짓고 그 근거만 모으는 경향을 보인다. 게다가 주위의 부하 직원들도 아무래도 상사가 바라는 정보를 보여주려고 하기 때문에 상사에게는 자신에게 유리한 정보만이 모이게 된다.

이렇게 확증 편향에 사로잡힌 '높은 사람'은 이윽고 자신에게 유리한 것만 듣고, 불리한 것은 '들을 생각이 없는 상태'가 되어버린다.

또 면접에서는 본래 그 사람의 업무 능력에 대해 평가해야 하는데 실제로는 면접관이 면접 상대를 단순히 '좋고 싫음'만으로 판단하는 경향이 있다는 것은 여러 조사 결과로도 나와 있다. 회사의 채용 등과 관련해서 면접관을 맡았을 때 마음에 드는 사람을 발견하고는 무심코 그 사람의 '좀 더 마음에 드는 이유'를 찾아본 경험은 없는가? 이것도 확증 편향이 작용한 것이다.

확증 편향을 완전히 없앨 수는 없지만, '누구에게나 확증 편향이 있다.'라는 전제하에 '아아, 확증 편향으로 나에게 유리한 쪽으로 생각하고 있을지도 몰라.'라고 반성하면 시스템 2가 작용하여 더 나은 의사 결정으로 수정할 수 있다.

구글의 인사 담당자로 동사의 종업원이 6,000명에서 6만 명으로 늘어나는 과정에서 구글의 인사 시스템을 설계·담당한 라슬로 보크에 따르면 확증 편향을 줄이기 위해 면접 때는 샘플 작업을 넣어 그 결과를 중요시했다고 한다. 샘플 작업이라면 정해진 채점법으로 평가할 수 있기 때문에 확증 편향을 감소시킬 수 있다.

나 자신도 확증 편향을 줄이기 위해 몇 가지 궁리를 하고 있다. 예를 들어 내 플랜에 대해서 부하 직원으로부터 피드백을 구할 때는 확실하게 다짐을 받는다.

"'이 플랜은 멋집니다'라고 동의해달라는 것이 아니에요. 중요한 목적은 프로젝트의 퀄리티를 높이는 것. 그러기 위해서는 '이대로도 좋다'는 것이 아니라 개선점을 피드백해줘야 해요."

그 외에도 미팅 등을 할 때는 굳이 반대 의견을 구해보는 것도 좋을 것이다. 미국에서는 종종 논의가 활발히 이루어지도록 비판적인 의견을 말하는 '악마의 대변자(Devil's Advocate)'라는 배역을 두는 경우가 있다. 회의 때 "악마의 대변자로서 감히 다른 의견을 제창하는 바입니다."라고 전제하고 반대 의견을 말하는 경우도 종종 있는 일이다. 찬성과 반대의 양쪽 의견을 고려하여 의사결정을 하기 위한 방법이다.

또 확증 편향을 없애기 위해 내가 내 팀과 자주 하는 것이 '사고 훈련(Thought Exercise)'이다.

"이 프로젝트는 플랜 A로 진행할 예정이지만, 만약 플랜 B로 하면 어떻게 될 것이라고 생각하죠?"

이처럼 반대로 하면 어떻게 될지를 머릿속에서 끊임없이 논의하고 시뮬레이션함으로써 균형적으로 플랜을 검토할 수 있게 된다.

그 크림이 효과적으로 보이는 것은
'진리의 착오 효과'일지도 모른다

확증 편향이란 반대로 '절대로 이런 일은 있을 수 없다.'라고 생각하면서도 반복해서 보거나 들으면 믿어버리는 것이다. 그런 성가신 인지의 버릇도 있다.

예를 들어 작은 팀의 상사가 자꾸 비효율적인 옛날 영업 방식을 들먹인다고 해보자.

"복잡하게 이것저것 따지지 말고 영업은 발로 하는 거야. 한 명이라도 더 많은 고객을 찾아가서 계약을 따와. 나도 100건을 계속해서 두드린 끝에 최우수 사원으로 선발되었으니까."

상사의 성공 체험은 수십 년 전의 일로 보안 시스템이 강화된 집합 주택이 늘어난 요즘과 같은 환경에선 발로 뛰는 영업 방식은 너무나 비효율적이다. 오히려 사무실에서 인터넷을 활용한 전략을 생각하는 것이 좀 더 효과적이고 효율적인 것은 분명하다.

그러나 하루가 멀다고 상사의 열변을 듣는 동안 부하 직원들은 '그런가. 실적이 있는 사람의 의견이니 맞겠지.'라고 믿게 된다. 이것이 내가 박사 과정의 졸업논문에도 발표한 '진리의 착오 효과(Illusory Truth Effect)'다.

진리의 착오 효과를 가장 많이 볼 수 있는 것은 인터넷상일 것이다. 이제는 나라를 불문하고 허위정보나 과장 광고가 범람하고 있다.

"이 크림을 바르면 피부가 놀라울 정도로 아름다워진다!"

사용 전과 사용 후의 이미지는 조작된 것이 분명하고, 처음엔 '말도 안 된다'고 생각해도 몇 번 반복해서 보다 보면 '아니, 아니야. 이 크림은 괜찮은 것 같아.'라고 생각하게 되었던 경험은 없는가?

의학·건강 정보 등, 진리의 착오 효과는 다양한 분야에 잠재해 있고, 인터넷 사회에 살고 있는 우리가 매일 위험에 노출되어 있는 문제라 할 수 있을 것이다.

진리의 착오 효과를 회피하려면 처음에 '이상하다.'라고 생각한 시점에서 가능한 한 진위를 검증하여 이상한 것은 배제하는 것이 중요하다. 왜냐하면 사람은 익숙한 정보를 좀 더 믿는 경향이 있기 때문이다.

예를 들어 오랫동안 '일 처리가 매우 빠르다.'라는 평판이 있는 타부서의 A씨. 그 후 그 부서의 지인으로부터 "실은 A씨가 일 처리가 빠른 것이 아니라 적당할 뿐이야."라는 사실을 알았다고 하자. 그런데 그 사람의 머릿속에서는 'A씨는 일 처리가 빠르다'와 '그렇지 않고 A씨는 실수가 많다'는 정보를 연계시켜야 한다는 것은 금방 잊히고 이른바 두 가지 정보가 '덮어쓰기하여 저장되는 것이 아니라 다른 이름으로 저장된 파일'로서 두 가지 정보가 다른 장소에서 연계되지 않고 존재해버린다.

이 상태에서 어느 파일을 먼저 떠올리느냐 하면 익숙한 쪽, 즉 '처음에 저장된 파일'이 된다.

이 점을 이해하고 '좀 의심스러운' 정보를 들었을 때 바로 진위를 검증해보면 인지의 버릇에 의한 편향을 없앨 수 있다.

일상에서도 "○○○라고 생각할지도 모르지만, 실은 다르다."라고 말하는 것을 듣거나 마케팅하는 것을 보는 경우가 있다. 이러한 경우에도 시간이 지나면 '○○○라고 생각하는' 정보와 '실은 다르다'라는 정보가 다른 이름의 파일로 저장될 가능성이 있다. 결과적으로 '○○○라고 생각하는' 것이 사실로서 머릿속에 남기 때문에 주의해야 한다.

'오감'도 인지의 버릇이 된다

전 세계가 주목하는 분야
'신체적 인지'란 무엇인가?

지금까지 머릿속의 '인지의 버릇'에 대해 설명했는데, 뇌와 신체는 연동하고 있다. 뇌가 신체를 움직일 뿐만 아니라 신체가 받아들이는 정보는 신경전달물질을 통해 뇌로 피드백되는 것은 잘 알고 있을 것이다. 이 '신체적 인지'는 신체로부터 들어온 정보가 뇌로 전달될 때도 인지의 버릇이 생긴다는 것이다.

클라크 대학교 레어드 박사의 연구에 따르면 실제로는 재미있지도 즐겁지도 않은 경우라도 의도적으로 웃으면 뇌가 '어라? 웃고 있네. 웃고 있으면 즐거운 게 틀림없어.'라고 착각하고 실제로 즐거워진다는 결론을 내렸다.

또 피실험자에게 만화책을 읽게 한 실험에서는 같은 만화책이라도 의도적으로 웃으며 읽는 경우와 찌푸린 얼굴로 읽는 경우, 웃으며 읽는 쪽이 재미있게 느낀다는 결과가 나왔다.

그 외에도 남의 말을 적극적인 자세로 들으면 흥미가 없는 이야기라도 흥미롭게 느낀다는 것도 신체적 인지의 한 예다.

이외에도 '신체적인 따뜻함이 심리적인 따뜻함으로 이어진다'는 연구 결과도 있다.

예를 들면 처음 방문하는 거래처에서 따뜻한 음료를 접대 받은 경우와 차가운 음료를 접대 받은 경우에 따라 상담 상대의 인상이 달라진다는 것이다. 따뜻한 차를 접대 받은 경우라면 상대를 '아아, 이 사람은 따뜻한 사람이야.'라고 생각하고, 아이스티 같은 차가운 음료를 접대 받은 경우라면 '어라, 이 사람은 왠지 차가운 사람 같아.'라고 착각한다. 신체와 뇌가 얼마나 밀접한 관계에 있는지 이 연구를 통해서도 알 수 있다.

이처럼 신체 감각은 무의식적인 인지의 버릇으로서 인간에게 새겨져 있다.

'개념 메타포',
고급 시계를 보여주는 방법은 수직인가 사선인가?

다음 페이지의 두 시계 광고는 한 논문에서 실험한 광고 사진이다. 동 논문에서는 이 두 가지 광고 중 어느 쪽이 더 효과적인지를 실험했다.

여기서 결론에 들어가기 전에 당신도 생각해보길 바란다. 어느 쪽이 좀 더 소비자에게 매력적으로 보일까? 물론 같은 시계, 같은 모델, 포즈도 주머니에 손을 넣고 있는 같은 포즈이고, 유일하게 다른 것은 '시계의 방향'뿐이다.

동 논문에 따르면 왼쪽 광고 쪽이 권위를 나타내고, 결국은 고급 시계에는 효과적인 광고가 된다고 결론지었다. 왜 그럴까?

좌우의 광고를 비교하면 왼쪽 광고는 시계의 방향이 '수직'이고, 오른쪽 광고는 '사선'으로 되어 있다. 이때 사람은 왼쪽 광고로부터는 '권위'나 '고급스러운' 인상을 받는다.

사람은 수직으로 되어 있는 것을 보면 무의식중에 '남보다 위에 선다' '출세한다' '우위성'과 같은 느낌을 받는다. 그 느낌에 따라 '이 시계는 고급품이 틀림없다.'라고 해석한다. 수직성은 '중력에 거슬러서 상승·인내력·강함'을 무의식적으로 시사한다는 조사 결과도 나왔고, 왼쪽 사진을 광고에 사용함으로써 '고급스럽고 오래 쓸 수 있는 최고의 시계'라는 이미지를 환기한다.

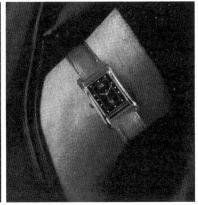

출전 : Peracchio, L. A., & Meyers—Levy, J. (2005). Using stylistic properties of ad pictures to communicate with consumers. Journal of Consumer Research, 32(1), 29—40.

이때 '남보다 위에 선다' '출세한다' '우위성'과 같은 추상적인 개념을 '수직(적인 배치)'이라는 '구체적인 것'으로 예를 드는 비유가 일어난다.

이처럼 추상적인 개념을 구체적인 것에 비유함으로써 사람들이 이해하기 쉬워지는 인지의 아우트라인을 '개념 메타포(Conceptual Metaphor)'라 하고, 비유가 단순히 수사기법修辭技法이나 말장난이 아닌 것을 증명하고 있다.

당신도 만약 '고급스러운 인상'을 주고 싶다면 그것을 수직으로 배치하면 될 것이다. 반대로 좀 더 약동감을 연출하고 싶을 때는 오른쪽 광고처럼 사선으로 배치하는 것을 검토해도 될 것이다.

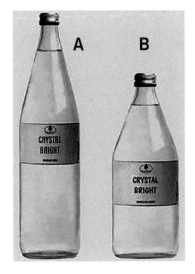

출전 : Van Rompay, T. J. L., & Pruyn, A. T. H. (2011). When visual product features speak the same language : Effects of shape—typeface congruence on brand perception and price expectations. Journal of product innovation management, 28(4), 599—610.

그 외에도 개념 메타포에 의한 인지의 버릇을 이용하면 좀 더 효과적인 비주얼을 결정할 수 있다.

위의 A와 B 두 개의 물병 사진을 보자. 만약 당신이 '고급감'을 연출하고 싶을 때 어느 쪽을 선택해야 할까?

답은 A이다.

키가 크고 가늘고 긴 A 쪽이 고급스러운 인상을 준다. 한편, 친숙해지기 쉬운 안심감을 연출할 수 있는 것은 B다.

사람들은 무의식중에 '가늘고 긴 것=고급' '키가 작고 폭이 넓은 것=편안함'을 느끼기 때문이다. 사람들은 직감적으로 키가 큰 것을 보면 '힘·권위·고급스러움'을 느끼고, 키가 작은 것을 보면 '안심·친숙함'을 느낀다.

이 또한 '고급'이라는 추상적인 개념을 '키가 크고 가늘고 길다'라는 구체적인 것에 비유하여 이해하기 쉽게 한 '개념 메타포'다.

'인지의 유창성' 때문에
애플 로고는 상부에 배치해야 한다

상품 패키지를 디자인할 때는 로고 배치도 중요한 결정 사항일 것이다. 그때의 로고 배치에 대해서도 상품의 지명도에 따라 위치를 바꾸는 게 좋다. 배치하는 위치에 따라 인상이 달라지기 때문이다.

아파르나 샌더 등의 실험에 따르면 애플과 같은 소구력이 높은 브랜드의 상품이라면 로고가 하부보다도 상부에 위치한 쪽이 선호되었다.

이 또한 '소구력이 높다'='우수하다'는 추상적인 개념을 '로고의 위치'라는 구체적인 것에 비유하여 이해하기 쉽게 한 개념 메타포 이론이다.

이처럼 상품이나 광고의 비주얼을 생각할 때는 '인지의 유창성 (Cognitive Fluency)'을 의식하는 것도 매우 중요하다. 앞에서도 '비유창성'으로 설명했는데, '유창'이란 '막힘이 없다', 즉 '인지하기 쉽다(순식간에 인지할 수 있다)'는 것이다.

그런 의미에서 개념 메타포 이론은 인지의 유창성을 만들어내는 하나의 방법이다. '높다=파워풀' '낮다=편안함'이라는 개념 메타포 이론을 이용하여 '인지의 유창성(인지하기 쉬움)'이 있는 디자인을 만들어내면 소비자 개개인이 쉽게 받아들이게 된다.

또 소비자의 심층 심리를 이해하는 것도 중요하다. 앞에서 이야기한 스타벅스의 실험에서 보면 재미있게도 이 효과는 사람들이 '자신은 영향력이 낮다.'라고 느낄 때 없어졌다. 이것은 자신이 '영향력이 낮다.' 라고 느낄 때는 로고가 위에 있음으로써 무의식적으로 보이는 '우위성이나 영향력'에 유창성이 없고, 즉각 인지하지 못하기 때문이다.

"A의 디자인과 B의 디자인 중 어느 쪽이 좋습니까?"

이 질문은 마케팅 리서치의 단골 메뉴인데 이때 단순한 좋고 싫음이 아니라 신체적 인지의 버릇을 고려하여 검증하는 것이 중요하다. 그렇게 하면 인지하기 쉽고, 자연스럽게 느끼는 디자인을 선택할 수 있다. 또 이러한 행동경제학의 지식을 프레젠테이션할 때 학술적인 증거로 제시해도 될 것이다.

'시간'도 인지의 버릇이 된다

'쌍곡형 할인 모델',
미래의 당신은 다른 사람으로 바뀐다!?

뇌, 신체 외에 사람들의 의사결정에 큰 영향을 미치는 것은 '시간에 의한 인지의 버릇'이다. 시간의 흐름은 일정하고, 합리적으로 생각하면 하루는 24시간. 오늘과 내일은 같은 가치가 있다. 그런데 인간에게는 인지의 버릇이 있고, 시간에 대해서도 비합리적인 해석을 한다.

비즈니스맨이 억제하길 바라는 대표적인 것은 '쌍곡형 할인 모델 (Hyperbolic Discounting)'이다. 인간에게는 '지금'에 좀 더 중점을 두고 '미래'를 생각하지 못하는 '현재 지향 편향'이 있다고 했는데, 더욱더 모순되는 비합리적인 성질이 이 '쌍곡형 할인 모델'이다.

쌍곡형 할인 모델은 '가까운 미래를 생각할 때는 약간의 시간의 차이도 신경 쓰이지만 먼 미래를 생각할 때는 시간의 차이가 신경 쓰이지 않는다.'라는 것인데, 유명한 실험이 돈에 관한 두 가지 질문이다.

질문 1: 오늘 100달러를 받는 것과 1개월 후 120달러를 받는 것 중 어느 쪽이 좋습니까?

응답자 대부분은 "오늘 100달러를 받고 싶다."라고 대답했다. 이것은 현재 지향 편향의 작용으로 미래의 큰 이익보다도 지금 당장 손에 넣는 이익을 우선시하는 인지의 버릇인데, 쌍곡형 할인 모델의 열쇠는 질문 2에 있다.

질문 2: 1년 후에 100달러를 받는 것과 1년 1개월 후에 120달러를 받는 것 중 어느 쪽이 좋습니까?

당신이라면 어느 쪽을 선택하겠는가? 대부분은 "1년 1개월 후에 120달러를 받고 싶다."라고 대답한다고 증명되었고, 1일 후, 3일 후라고 시간을 바꿔가며 검증해봐도 결과는 역시 마찬가지였다. '오늘과 1개월 후'는 큰 차이라도 '1년과 1년 1개월 후'라면 같은 1개월의 차이가 대단치 않은 것이 되어버린다. 이를 통해 인간은 시간을 비합리적으로 인지한다는 것을 알 수 있다.

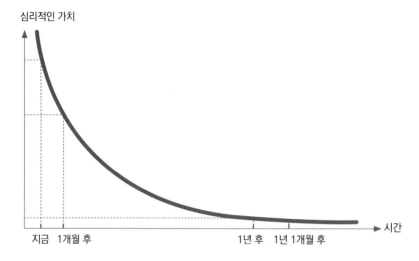

|도표 8| 쌍곡형 할인

심리적인 가치

지금 1개월 후   1년 후 1년 1개월 후   시간

쌍곡형 할인 모델은 실제 비즈니스 현장에서 아주 흔한 것이다.

예를 들면 어느 회사에서 관리직이 부하 직원을 사정査定할 때 최종 평가를 엑셀로 정리하게 되었다고 하자. 전사원의 데이터를 정리한 파일에서 부분적으로 잘라내 독립된 파일로 만드는 것이어서 일일이 수작업으로 하기에는 성가시고 실수도 생긴다.

파이선으로 프로그래밍해서 자동화하면 그 후 계속 편해지겠지만, 막상 사정 시기가 되면 "프로그래밍하는 것은 시간이 걸리기 때문에 이번까지 여태 해왔던 대로 얼른 수작업으로 해버리자."가 된다. 그러나 "이번엔 귀중한 시간을 할애할 수 없지만, 다음번엔 딱 1주일만 투자해서 프로그래밍하자."라고 매번 말이 나온다.

이렇게 상기적으로는 이익이 되는 작업을 계속 뒤로 미루는 것은 시간을 비합리적으로 파악하기 때문이다. 인사, 경리, 재무, 총무 등 관리 쪽 업무에서 종종 볼 수 있는 '쌍곡형 할인 모델'의 예다.

그 수치는 제로에서
가까운가, 먼가?

조금 이야기가 벗어나지만 이처럼 제로에 가까운 수치(오늘과 1개월 후)의 차이는 의식하기 쉽지만, 제로에서 먼 수치(1년 후와 2년 후)의 차이는 의식하기 어렵다는 것은 많은 연구에서 밝혀졌다. 나중에도 말할 프로스펙트 이론도 그중 하나로 제로에서 가까운 수치인 100원과 1,100원의 1,000원 차이는 신경 쓰이지만, 제로에서 먼 수치인 10만 원과 10만 1,000원의 1,000원 차이는 신경 쓰이지 않는다는 느낌이다.

이것은 여러분도 경험한 적이 있지 않은가? 편의점에서 물건을 살 때는 100원의 차이에도 신경을 쓰지만, 누군가를 축하하기 위해 고가의 선물을 살 때는 100원의 차이는 신경도 쓰지 않는다.

이처럼 제로에 가까운 금액의 차이가 신경 쓰이는 것은 일상생활에서 우리가 제로에 가까운 금액은 자주 접하고 있기에 의식하지 않아도 차이를 느낄 수 있기 때문이다. 한편 제로에서 먼 금액을 볼 기회는 상대적으로 적기 때문에 무의식적으로는 차이를 강하게 느낄 수 없다.

분명 1,000원부터 1만 원 정도의 쇼핑은 빈번하게 하지만, 10만 원 이상의 쇼핑을 매일 몇 번에 걸쳐 할 수 있는 사람은 드물다고 생각한다. 이러한 일상의 경험이 쌓여서 '금액의 차이'에 대한 감각의 차이가 생기는 것이다. 이는 닉 차터와 고든 브라운이 2006년에 발표한 'Decision by Sampling'이라는 이론으로 명백해졌다.

나는 이 이론을 인도지원에 응용할 수 있도록 당시 프린스턴 대학교의 박사 과정생이었고, 현재는 카네기멜런 대학교의 교수인 크리스 올리볼라와 공동 연구를 진행했다. '제로에서 가까운 수치와 먼 수치'에 관한 의식의 차이는 인명에 대한 의식에도 해당하는지를 미국·인도·인도네시아·일본 등 4개국에서 검증했던 것이다.

그 결과 사망자 수가 1명과 2명의 차이는 직감적으로 강하게 느껴졌지만, 40명 사망과 41명 사망의 차이에 대해서는 무의식에서의 감수성이 비교적 낮아지는 경향이 4개국에서 모두 공통으로 보였다.

이 경향은 윤리적으로 좋고 나쁘다는 문제가 아니다. 우리가 인도지원이나 인명에 관한 중요한 정책에 대해 생각할 때 참고로 할 필요가 있을 것이다.

흥미롭게도 이 연구를 통해 국가별 차이도 볼 수 있었다. 미국이나 일본 등 인프라가 정비되고, 대형 사고나 자연재해에 의한 막대한 피해의 빈도가 낮은 국가에서는 한 번에 많은 인명 피해가 발생하는 뉴스를 집하는 일이 드물고 세로에서 먼 수치의 차이에 대한 무의식의 감수성은 상대적으로 낮아졌다. 한편, 소수의 인명 피해에 대한 뉴스를 접하는 기회가 상대적으로 많기에 그 차이는 좀 더 자연스럽게 의식되었다.

반대로 미국과 일본에 비해 불충분한 안전 대책이나 위약한 인프라의 원인으로 한 번에 많은 인명이 희생되는 사고나 재해의 빈도가 높은 인도나 인도네시아에서는 제로에서 먼 수치의 인명의 차이에 대한 감수성이 상대적으로 높았다. 이것도 윤리적인 관점에서의 우열의 문제가 아니라 감각의 차이가 각국의 정책이나 인도지원에도 영향을 준다는 것을 이해하는 것이 중요할 것이다.

또 이처럼 몇몇 국가를 대상으로 한 연구에서 인지의 버릇이라는 것은 기본적으로 보편적이지는 않지만, 한편으로 국가에 따라 다소의 차이가 나오는 경우가 있다는 것도 흥미롭다.

호텔 숙박 포함 하와이 투어와
'해석 수준 이론'

소비자의 인지의 버릇이 시간에 어떤 영향을 받는지를 이해함으로써 언제 어디에서 어떤 정보를 제공하면 되는지 식견이 깊어진다.

예를 들면 항공회사가 호텔 포함 하와이 투어를 기획했을 때 푸른 하늘과 따뜻한 곳에서의 여유로운 분위기를 어필하려고 하는 경향이 있는데, 타이밍에 따라서는 역효과가 날 수도 있다. 이것은 시간에 따른 인지의 버릇, '해석 수준 이론(Construal Level Theory)'을 이해하고 타이밍마다 어필 포인트를 변경할 필요가 있다.

앞에서 나온 현재 지향 편향에서도 그랬듯이 기본적으로 인간의 의식이 향하는 것은 '지금'이고, 지금에 대해서는 '현실적 또는 구체적'으로 생각한다. 반대로 1주일 후, 1개월 후, 1년 후로 생각할 것이 미뤄짐에 따라 사고는 추상적이 된다. 이것이 '해석 수준 이론'이다.

하와이 투어를 예로 말하면 '내년 여름 휴가는 하와이로 가자.'라는 먼 계획을 생각할 때, 고객이 머릿속에 그리는 것은 하와이의 바다나 분위기, 가로수 등 추상적인 이미지다.

그러나 여행이 코앞으로 다가오면 고객의 사고는 '비행기에서 호텔까지 가는 방법, 투어의 특전, 호텔 방은 욕조가 딸려 있을까?'와 같은 구체적인 것으로 바뀐다.

즉, 투어 개최가 고객에게 미래의 일이라면 이미지 우선(추상적)인 광고가 효과적이고, '1주일 후에 참가할 수 있는 직전 투어'라면 구체적인 정보가 담긴 광고가 아니면 고객은 모이지 않는다. 그것을 아느냐 모르느냐에 따라 광고 계획은 크게 달라진다는 것이다.

240시간의 프로젝트도
'계획의 오류'로 해킹하라

지금까지 시간에 따른 인지의 버릇을 살펴보았는데, 비즈니스맨에게 공통된 현안은 시간 관리일 것이다. 이렇게 말하는 나도 마찬가지이고, 컨설팅이라는 일은 '이 프로젝트에 100시간을 써야 하므로 요금은 이 정도다.'라는 것이 주류인 비즈니스이다. 그렇기에 시간대로 프로젝트가 진행되도록 '계획'에는 일정부터 유의하고 있고, 물론 행동경제학 이론을 적용하고 있다.

우선 알아두어야 할 것은 '계획의 오류(Planning Fallacy)'. '모든 계획은 소요 시간이나 예산을 낙관적인 견적으로 계획하기 때문에 실패한다.'라는 연구로, 많은 유감스러운 사례가 있다.

인간에게는 '낙관 편향'이 있으므로 계획을 세울 때는 '필시 잘 될 거야.'라고 생각하고, 게다가 '해석 수준 이론'이 있기 때문에 계획하고 있는 미래의 일은 추상적으로밖에 생각할 수 없다.

극단적으로 말하면 '이 프로젝트를 마무리하려면 240시간이 필요할 거야. 마감이 다음 달이니까 하루에 8시간씩 하면 돼. 착실하게만 하면 그 정도는 할 수 있겠지.'라는 당치도 않은 계획이다.

'하나의 프로젝트에 하루 8시간을 쓴다'는 것이 현실적으로는 어려운데, 낙관 편향으로 '할 수 있다'고 생각한다. 해석 수준 이론이 있으므로 미래의 일을 '착실하게 한다'는 추상적인 방법밖에는 떠오르지 않는다……. 이렇게 계획의 오류에 빠지는 것이다.

이것을 방지하기 위해 내가 실제로 도입한 것은 전체에 걸리는 시간을 예측하는 것이 아니라 계획을 세세한 작업으로 나눠 개별적으로 소요 시간을 예측하는 방법이다.

"프로젝트는 다섯 개의 작업으로 나뉘고 하나의 작업에 10시간이 걸린다. 그러면 전체 시간을 어떻게 예측하면 될까?"

게다가 회의에 걸리는 시간이나 부하 직원의 조사에 걸리는 시간, 클라이언트에게 설명하는 시간 등, 가능한 한 세세하고 구체적으로 나눠서 진행한다. 행동경제학의 인지의 버릇을 알고 대책을 세움으로써 컨설턴트라는 '시간을 파는 비즈니스'를 해나가고 있다고 해도 될 것이다.

또 로저 뷜러 등의 연구에 따르면 '낙관적인 시나리오인 경우에 걸리는 날수'가 아니라 '최악의 시나리오인 경우에 걸리는 날수'를 생각하면 실제로 걸린 날수에 상당히 근접할 수 있다는 결과가 나왔다. 그래도 여전히 10%는 과소평가였다니 '계획의 오류' 편향이 참 강하다고 할 수 있다.

인간은 즐거운 것도 싫은 것도 결국, 바로 '쾌락 적응'한다

시간 관리를 잘하는 데 도움이 되는 '쾌락 적응(Hedonic Adaptation)'을 알아두면 손해는 없을 것이다.

쾌락 적응이란 인간은 무슨 일이 일어나도 반복해서 기준선의 행복도로 돌아간다는 이론이다.

예를 들어 신차를 샀을 때, 직장에서 승진했을 때, 새 파트너가 생겼을 때. 처음에는 무척 행복했는데, 바로 행복한 기분을 느낄 수 없게 된 경험이 없는가?

이것이 바로 쾌락 적응이다. 인간은 행복하다고 느끼는 것이 지속되면 점점 그 행복도가 일정한 라인으로 돌아와버린다. 인간은 익숙해지기 쉬운 생물이기 때문이다.

그러므로 행복하다고 생각하는 것을 단숨에 해버리는 것은 행동경제학적으로는 손해다. 만약 당신이 신차를 사서 행복하다고 느꼈다고 해도 산 직후에 몇 시간 타고 다니면 바로 행복도가 일정하게 돌아와버린다.

그 대신 '주말에 하루 한 시간만'과 같이 시간을 잘게 쪼개서 하면 행복도의 상승이 오래 지속된다.

그런데 왜 이것이 시간 관리에 효과가 있다는 걸까?

그것은 쾌락 적응이 실은 부정적인 감정이라고도 할 수 있기 때문이다. 즉, 인간이 익숙해지기 쉬운 것은 긍정적인 감정뿐만이 아니라 부정적인 감정에 대해서도 마찬가지라는 것이다.

어쩌면 당신은 하기 싫다고 느끼는 일일수록 중간중간 자주 휴식을 취하지 않는가? 그러나 이처럼 부정적인 감정일 때는 반대로 '단숨에' 해버리는 게 나을지도 모른다.

왜냐하면 그 싫은 기분도 계속 갖고 있다 보면 익숙해져서 점점 느끼지 않게 되기 때문이다.

반대로 말하면 하기 싫은 일을 잘게 나눠서 하면 그 싫은 기분에 좀처럼 익숙해질 수 없다. 그렇게 되면 좀처럼 재개하지 못한 채 시간이 가고, 재개해도 마찬가지로 싫은 기분인 상태에서 임하기 때문에 좀처럼 진전되지 않을 것이다.

따라서 싫다고 느끼는 일일수록 '단숨에' 정리해버리는 것이 행동경제학적으로는 합리적이다.

매니지먼트에 응용한다면 부하 직원에게 귀찮은 일을 시킬 때는 기한을 정하는 식으로 단숨에 해버리게 한다. 반대로 즐거운 일이나 보상으로 주는 휴가는 잘게 나눠서 몇 번에 걸쳐 주어서 심리적인 만족도를 높인다. 어느 것이나 시간에 대한 인지의 버릇을 알고 있어야 할 수 있는 일이다.

토론토 대학교와
'듀레이션 휴리스틱'

어떻게 시간을 들이지 않고 효율적으로 일하는가는 지금이나 옛날이나 변하지 않는 비즈니스맨의 과제이므로 생산성이 요구되는 시대, 필히 행동경제학의 이론을 활용하길 바란다.

그러나 '굳이 시간을 들이는 게 좋은 경우'도 있으므로 예를 들어본다. 그것이 '듀레이션 휴리스틱(Duration Heuristic)'이 작용하는 경우다.

듀레이션은 '기간'이나 '시간' 등의 의미. 휴리스틱은 직감적, 순간적으로 어떤 판단을 내리는 인지의 버릇으로 '시스템 1'과 가까운 관계가 있다. 즉, 듀레이션 휴리스틱이란 '서비스의 내용보다도 들인 시간으로 평가하는 인지의 버릇'을 가리킨다.

구체적인 예를 들어보자. 예를 들어 당신이 자동잠금장치가 되어 있는 아파트에 살고 있다고 하자. 어느 날 열쇠를 실내에 두고 밖으로 나와서 문을 닫아버렸다. 가족도 모두 외출했고, 아무리 해도 집 안으로 들어갈 수 없다. 어쩔 수 없이 전문 기술자를 불러 3분 만에 문을 열 수 있었지만, 요금으로 10만 원을 지불했다.

이때 당신은 어떻게 느낄까? '고작 3분에 10만 원이나 달라고?'라고 생각하는 사람이 대부분일 것이다.

그러나 잘 생각해보자. 합리적으로 생각하면 시간이 짧든 길든 '잠 긴 문을 열어준다'는 서비스 자체는 바뀌지 않는다. 그런데도 걸린 시간으로 당신의 평가는 달라진다. 이것은 참으로 비합리적이다. 이것이 듀레이션 휴리스틱이다.

내가 신세를 지고 있는 토론토 대학교의 딜립 소만 등의 실험에서도 시간이 오래 걸린 쪽이 솜씨 있게 문을 열어주었을 때보다도 좀 더 가치가 있다고 느낀다는 결과가 나왔다. 효율로 따지면 짧은 시간에 열어준 쪽이 더 효율이 높으므로 비합리적인 결과다.

듀레이션 휴리스틱은 모두가 지니고 있는 것이므로 '없앤다'고 생각하기보다도 '피한다, 잘 사귄다'고 생각하는 것이 현명한 방법일 것이다. 자신이 서비스를 받는 쪽이라면 '손해를 봤다고 생각하는 것은 듀레이션 휴리스틱 탓이다. 결과에 좀 더 주목하자.'라고 생각하면 될 것이다.

반대로 자신이 서비스를 제공하는 쪽에 섰을 때는 고객에게도 '소요된 시간이 길수록 가치가 있다(반대로 짧으면 가치가 없다).'라고 생각하는 인지의 버릇이 있다는 것을 이해하고 대응하는 것도 때로는 필요하다.

예를 들어 내가 컨설팅을 시작했을 무렵의 이야기다. 대개의 프로젝트는 수백 시간이라는 많은 시간과 노력을 기울여야 하는데, 드물게 '이 안건이라면 바로 솔루션 제안을 할 수 있다.'라는 경우도 있었다. 그럴 때는 즉시 클라이언트에게 리포트를 제출했다. 이번 장에서 소개한 애플의 브랜드 로고의 위치 등과 같이 행동경제학의 기본으로 생각하면 신속하게 해결할 수 있는 경우가 몇 번 있었기 때문이다.

그런데 한 클라이언트로부터 "짧은 시간에 간단히 할 수 있는 제안이었으니 요금을 좀 깎아줘야 하지 않습니까?"라는 클레임이 들어왔다.

클라이언트의 의뢰로부터 리포트 제출까지는 분명 단시간이었지만, 내가 대학원이나 사업을 새로 일으키면서 들인 많은 시간과 노력의 축적, 또 평소 늘 새로운 문헌을 찾아보는 노력을 한 결과다. 그러나 그것은 앞에서 잠긴 문을 연 전문가의 기술과 마찬가지로 일반인에게는 쉽게 이해가 되지 않는 일이다.

이럴 때는 바로 해결책만을 제시할 것이 아니라 시간을 좀 들여서 솔루션을 제시한 배경이 된 이론 등을 자료를 통해 설명하고 어떤 경위로 결과에 이르렀는지 정성을 다해 설명하고 나서 제시하는 것이 좋다. 그렇게 함으로써 고객에게 '이렇게 열심히 노력해주었구나.'라는 이해를 얻을 수 있다.

이것은 신속함이 요구되는 경우에도 적용된다. 바로 얼마 전에 고객 기업의 CEO로부터 갑자기 "전에 말한 상품 개발 건인데 새로운 문제가 생겨서 간부들이 논의 중이오. 지금 당장 의견을 들려주시오."라고 연락을 받은 적이 있었다. 이런 경우에는 그 자리에서 바로 대답해줘야 한다.

일을 시작하고 얼마 지나지 않았을 때는 '고객이 바쁘니까 여하튼 빨리 답을 내려준다.'라는 것에 너무 집중한 나머지, 'YES'인지 'NO'인지 대답부터 했다.

　그러나 경험이 쌓인 지금은 "전에 말씀하신 것을 듣고 여러 가지로 생각했습니다. 그 결과……."라고, 결론에 이르기까지 어떤 생각을 거쳤는지 설명하고 "숙고에 숙고를 거듭한 끝에 행동경제학의 이론에 따라 의견을 전하겠습니다."라고 확실하게 전달한다. 또 처음에 한 마디를 덧붙임으로써 갑작스러운 전화에도 자신의 머릿속을 정리하는 시간이 생기는 일거양득의 효과가 있다.

　이것은 고객뿐만 아니라 사내의 상대에게도 마찬가지다. 예를 들어 부하 직원으로부터 "접대 자리에 거래처 과장까지 초대해야 하는지 고민이다."라는 상담 메일을 받았다고 하자. 부하 직원에게는 고민일지도 모르지만, 좀 더 경험이 많은 자신에게는 바로 해결책이 떠오른다. 이럴 때 1분이라도 빨리 대답하는 게 좋겠다고 생각해서 'YES'나 'NO'로 즉각 짧게 답 메일을 보내는 경향이 있다. 그러나 이 반응에 대해 부하 직원은 오히려 '진지하게 생각하지 않은 것 같아.'라고 생각할 가능성이 있다. 이럴 때도 시간을 들여서 어떻게 그런 조언을 했는지 설명을 덧붙여서 메일을 보내보자. 그렇게 함으로써 '진지하게 생각해주었구나.'라고 부하 직원의 만족도가 높아질 것이다. 또 그 설명은 부하 직원에게도 좋은 공부가 되어 다음 고민에도 활용할 수 있을 것이다.

- '인지의 버릇'을 만드는 이론 중 가장 기본이 되는 것이 '시스템 1 vs 시스템 2'. 시스템 1은 직감적이고 순간적인 판단이므로 '패스트', 시스템 2는 주의 깊게 생각하거나 분석하는 등 시간이 걸리는 판단이므로 '슬로우'라고도 불린다.

- 무조건 시스템 2가 좋고, 시스템 1이 나쁘다는 것은 아니지만, 시스템 1으로 판단해버리는 것에 의해 잘못된 의사결정으로 이어지는 경우가 왕왕 있기 때문에 의식해야 한다.

- 시스템 1은 많은 인지의 버릇을 만들어낸다. 대표적인 것으로 '매몰비용' '기회비용' '핫핸드 효과' 등이 있다.

- '오감'도 인지의 버릇이 된다. 신체에서 받아들인 정보가 뇌로 전달되었을 때 어떤 '버릇'이 있는지를 아는 것이 중요하다. 대표적인 이론으로 '개념 메타포'가 있다.

- '시간'도 인지의 버릇이 된다. 예를 들면 상대가 '지금'을 생각하느냐, '미래'를 생각하느냐로 당신이 전해야 하는 내용도 달라진다. 대표적인 이론으로 '쌍곡형 할인 모델' '해석 수준 이론' '듀레이션 휴리스틱' 등이 있다.

제 **2** 장

상황

처한 '상황'이
인간의 의사결정에 영향을 준다

개요&퀴즈

제2장에서는 인간이 '비합리적인 의사결정'을 내리는 세 가지 요인 중 '상황'으로 분류되는 이론을 소개한다.

우리는 매일 스스로도 깨닫지 못할 정도로 많은 의사결정을 내리고 있다.

- 뭘 먹을까?
- 뭘 입을까?
- 뭘 살까?
- 누구와 함께 시간을 보낼까?
- 어떤 일, 경험을 선택할까?

케임브리지 대학교의 바바라 사하키안 교수에 따르면 인간은 하루에 최대 3만 5,000회나 의사결정을 한다고 한다.

이처럼 우리의 머릿속에서는 매일 무수하게 행해지는 것이 의사결정인데, 당신은 의사결정을 '스스로 주체적으로 한다.'라고 생각하지는 않는가?

실은 이 상식을 뒤집는 연구가 연이어서 발표되고 있다. 예를 들면 이후 제2장에서 자세히 소개하겠지만, 인간은 쇼핑할 때 주위에 사람이 없으면 싼 것을 사고, 주위에 사람이 한 명이라도 있으면 무의식적으로 비싼 것을 사는 경향이 있다고 발표되었다. 주위에 있는 사람은 결코 지인 등이 아니라 전혀 모르는 사람인데도 말이다.

이것은 '단순 존재 효과(Mere Presence Effect)'라는 이론에 따른 것인데, 이 이론 이외에도 실은 인간이 주위의 '상황'으로 인해 '의사결정이 바뀌는' 것을 나타내는 이론이 다수 있다.

그런 인간의 의사결정에 영향을 주는 '상황'에 관한 행동경제학의 이론을 배워보자.

실제로 제2장에 들어가기 전에 우선 제2장의 전체적인 개요를 짚어본다. 제2장은 아래와 같이 다섯 개의 절로 나뉘어 있다.

1. 인간은 상황에 의해 '결정한다'

여기서 말하는 상황이란 '자신의 머리 밖'을 말한다. 날씨가 좋고 나쁘냐, 주위에 사람이 있느냐 없느냐, 물건이나 인간의 위치나 순서, 모든 것이 '상황'으로서 우리에게 비합리적인 의사결정을 내리게 한다.

제1절에서는 우선 의외의 일이 우리의 결단에 영향을 주는 것을 나타내는 연구나 이론을 소개하면서 '우리는 상황에 의해 결정한다.'라

는 본 장의 대전제를 이해하고자 한다.

2. '너무 많은 정보'가 인간의 판단을 어지럽힌다

우리의 판단에 영향을 주는 '상황'에는 '정보'도 포함된다.

특히 지금은 정보가 너무 많은 시대로, 흘러넘치는 정보가 비합리적인 의사결정의 큰 요인으로 지적되고 있다.

전통적인 경제학에서는 '정보는 많으면 많을수록 좋다.'라고 생각하지만, 그것은 정보가 희소했던 시대의 이야기. 예를 들어 말하면 '먹을 것은 많으면 많을수록 좋다.'에서 '맛있는 음식을 조금만.'으로 가치관이 이행한 것과 같다.

현대는 정보가 너무 많아서 잘못된 판단을 초래하고 있다. 너무 많은 정보가 경제나 기업에 어떻게 영향을 주는지, 실례를 들어가며 설명한다.

3. '너무 많은 선택지'로 인해 아무것도 선택할 수 없게 된다

제2절의 '정보'에서 파생하여 '선택지'가 우리의 의사결정에 주는 영향도 살펴보자.

'정보'와 마찬가지로 현대는 '선택지'가 너무 많은 시대다. 전통적인 경제학의 시점에서는 '선택지도 많으면 많을수록 좋다(가장 좋은 것을 선택한다).'라고 생각하지만, 실제로 사람들 사이에서 일어나는 현상은 그렇지 않다. 실제로는 선택지가 너무 많아서 '아무것도 선택할 수 없다.' '왜 이런 것을 선택했는지 모른다.'라는 비합리적인 현상이 일어나고 있다.

너무 많은 선택지의 폐해와 어떤 선택지라면 소비자를 움직일 수 있는지도 언급한다.

4. '무엇'을 '어떻게' 제시하느냐로 인간의 판단이 바뀐다

그럼 전 세계 기업은 어떻게 '상황'을 이용하여 비즈니스의 결과로 연결시키는 것일까? BGM, 메뉴를 내놓는 방법, 정보를 내보내는 순서. 행동경제학의 대표적인 연구와 실례를 소개할 테니 자기 일에 응용해보길 바란다.

인간은 상황에 따라 의사결정이 바뀌므로 그것을 역이용하여 효과적으로 활용하는 것이다.

5. '언제'를 바꾸는 것만으로 인간의 판단이 바뀐다

제4절의 '무엇'을 '어떻게' 제시하느냐에 더해 그것을 '언제' 제시하느냐로도 인간을 생각대로 움직일 수 있다. 의사결정에 영향을 주는 '타이밍'에 관한 연구나 이론을 소개한다.

그럼, 본론으로 들어가기 전에 '상황'과 관련된 퀴즈에 도전해보자.

· 도표 9의 가로 선 중, 긴 것은 오른쪽과 왼쪽 중 어느
쪽인가?

· 도표 10에 쓰여 있는 글자는 어떻게 읽을까?

|도표 9|

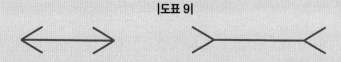

|도표 10|

12 B 14   ABC

인간은 '상황에 의해 결정한다'

 인간의 의사결정이나 행동은 처한 상황·환경에 영향을 받고 있다. 앞 페이지의 두 퀴즈가 그 축소도다.

 도표 9는 "오른쪽 가로선 쪽이 길게 보인다."라는 사람이 많은데, 실은 같은 길이이다. 같은 길이의 선임에도 좌우에 붙어 있는 빗금의 상태에 따라 가로선의 길이가 다르게 보인다. 나 자신도 편집할 때 자를 사용해 확인했을 정도다.

 도표 10의 왼쪽 글자는 '12, 13, 14'라고 읽는 사람이 많겠지만, 오른쪽은 'A, B, C'라고 읽는 사람이 많을 것이다. 그러나 자세히 보면 양쪽 모두 실제로는 가운데의 글자가 같다. 같은데 주위에 놓인 글자에 의해 왼쪽은 '13'으로, 오른쪽은 'B'로 보인다.

 이처럼 인간은 늘 주위의 '상황'에 영향을 받고 있고, 그것이 의사결정이나 행동을 바꿔버리는 경우도 있다.

"인간은 늘 스스로 의사결정을 하는 것이 아니다. 상황이 의사결정을 하는 경우가 많다."

이렇게 말하면 '자기 선택은 존재하지 않는다는 말인가?'라고 위화감을 느낄지도 모르지만, 그런 경우도 있다고 많은 연구에서 증명되었다.

대학 선택조차
날씨로 결정한다!?

"오늘은 정말로 날씨가 화창해서 기분이 좋다."

쨍하고 화창한 날에는 행복하고, 우중충하니 비가 내리면 조금 우울해지는 사람이 많다. 그리고 '기압의 변화가 자율신경에 영향을 미친다.' '일조 시간에 따라 호르몬 분비량이 달라진다.' 등 다양한 학문 분야에서 연구가 이루어지고 있다.

날씨도 '머리 밖에 있는 것'으로 행동경제학에서 주목하는 것은 그것이 인간의 의사결정과 행동에 어떻게 영향을 주느냐이다.

스페인 라몬루이 대학교의 유리 시몬슨의 조사에 의해 '어느 대학교에 갈까?'라는 진로에 관한 중대한 결정도 실은 날씨의 영향을 크게 받는다는 것이 밝혀졌다.

일본의 대학 입시는 시험 성적으로 결정하는 경우가 많은데, 미국의 입시는 고교 시절의 학업 성적, 스포츠나 음악, 자원봉사와 같은 교외 활동, 추천장 등을 종합적으로 평가한 후에 결정하는 경우가 많다.

특히 미국에서는 '학생이 대학을 선택한다.'라는 의식이 강하기 때문에 오픈 캠퍼스가 좀 더 중시되고 있다. 일본에서도 대학 방문은 일반적이 되었다고 들었는데, 미국 학생에게 학생이나 교수를 만나고 기숙사나 카페테리아를 포함해서 캠퍼스를 둘러보는 것은 진로 결정의 중요한 요소다.

대학 선택으로 인생의 모든 것이 결정되는 것은 아니지만, 중요한 고비인 것은 분명하다.

그러나 이 행동경제학의 연구에서는 '인간은 최종적으로 흐린 날에 오픈 캠퍼스에 방문한 대학교를 선택했다.'라는 결과가 나온 것이다. '화창한 날에 방문한 대학교'라면 그래도 납득할 수 있지만, '흐린 날에 방문한 대학교'라는 점이 인간 심리의 참 재미있는 점이다.

이것은 인간이 자신의 감정과 날씨를 과도하게 연결시켜버리는 것이 원인으로 일어난다. 예를 들면 '오리건 대학교(실제로 내가 캠퍼스를 방문했을 때는 화창했지만)는 별로였어.'라고 생각하면 '그것은 날씨가 나빴기 때문임이 틀림없어. 실제로는 좀 더 좋은 대학교였는데.'라고 반대로 그 대학교를 과대평가해버리는 것이다.

또 인간은 날씨가 흐릴 때 캠퍼스의 화려한 외관 등 외형적인 요소가 아니라 우수한 커리큘럼 등으로 대표되는 실질적인 요소를 과대평가한다는 결과도 보고되고 있다. 역시 '상황'에 의해 인간의 판단이 달라진다는 것을 확인할 수 있다.

대학 선택이라는 중요한 것에서도 이런 결과가 나왔다. 인간이 얼마나 '상황'에 의해 자신의 결정을 바꾸는지를 잘 알 수 있을 것이다.

'계열 위치 효과',
55%가 맨 처음의 와인을 고른 이유

대학 선택과 마찬가지로 대학 졸업 후의 취직도 인생의 중대한 고비인데, 그때도 인간이 상황에 의해 의사결정이 '바뀌는' 것을 알 수 있다.

경쟁률이 높은 구인 광고에 10명의 학생이 응모해 순서를 정해 면접을 받는다고 하자. 만약 당신이 면접을 받는 학생으로서 선택권이 있다면 당신은 몇 번째가 좋은가?

"무난하게 네 번째 정도."라고 대답했다면 기회를 놓칠 확률이 높은데, 이것은 대졸 신입 채용 면접에 한정된 이야기가 아니다. 경쟁 회사가 있는 경우의 프레젠테이션이든 배우의 오디션이든 '첫 번째 사람'과 '마지막 사람'이 합격할 가능성이 높다는 것은 잘 알려져 있다.

이 결과의 이유를 설명하려면 실은 하나의 이론뿐만 아니라 몇 개의 이론을 설명할 필요가 있다.

우선 위의 소제목에도 있는 '계열 위치 효과(Serial Position Effect)'. 계열 위치 효과란 인간이 몇 가지 정보를 기억하려고 할 때 정보의 '순서'에 따라 기억의 정착 정도에 차이가 난다는 이론이다. 면접을 받는 당신에게는 면접이 1회일지도 모르지만, 면접관의 입장에서는 상당히 많은 사람을 면접한다. 면접관의 기억에 남지 않으면 소용이 없고, '좋은 기억'으로 남을 필요가 있다.

여기서 영향을 주는 것이 '초두 효과(Primacy Effect)'와 '최신 효과(Recency Effect)'라는 이론이다.

'초두 효과'란 처음에 얻은 정보가 인상에 남는 데 강하게 영향을 준다는 것으로 미국의 심리학자 솔로몬 애쉬가 발표했다.

한편 '최신 효과'란 마지막 정보가 의사결정에 큰 영향을 준다는 것이다. 독일의 심리학자 헤르만 에빙하우스가 발표했고, 솔로몬 애쉬에 의해 알려졌다.

인간은 '순서'에 따라 기억의 정착 정도가 달라진다는 것이 '계열 위치 효과'. 그리고 그 기억은 '초두 효과'와 '최신 효과'에 의해 처음과 마지막이 머리에 남기 쉽다.

이 말만 들으면 '그렇게 말하니 그런 것 같다.'라고 가볍게 받아들일

지도 모르지만, '초두 효과'와 '최신 효과'라는 행동경제학의 배경을 이해하는 것에 의해, 중요한 국면에서 상황에 휘둘릴 가능성을 고려해 두는 게 좋을 것이다.

반대로 당신이 대졸 신입 사원을 채용하는 인사 담당자라고 하자. 첫인상이나 면접 내용, 입사지원서를 보고 '좋아, 이 학생을 채용하자.'라고 확실히 자신의 의사로 선택하겠다고 다짐하지만, 첫 번째 학생과 마지막 학생에 높은 점수를 줄 가능성이 있다.

자신의 의사가 아니라 상황이 '이 학생을 채용한다.'라고 정할 가능성은 늘 따라다니므로, 처음과 마지막 사람을 체크하기 전에 상황에 너무 영향을 받지는 않았는지, 주의 깊게 살피는 게 좋을 것이다.

게다가 선고 협의의 타이밍에 따라서는 계열 위치 효과를 행동경제학에 '이용'할 수도 있다.

사내 회의에서 동료 5명이 순서대로 기획 프레젠테이션을 한다고 하자. 만약 순서를 고를 수 있다면 처음이나 마지막이 나은 것은 이미 배웠다.

그럼, 처음과 마지막 중 어느 쪽이 더 나을까?

'회의 후, 간부들이 모여 그날 중에 결론이 나오는' 경우라면 마지막에 프레젠테이션하는, 최신 효과를 선택하면 될 것이다. 그러나 '간부들이 각자 검토하고 다음 주까지 결론이 나오는' 경우라면 처음에 프레젠테이션하여 '초두 효과'를 노리는 것이 낫다. 왜냐하면 시간을 두는 것에 의해 최신 효과는 사라져버리기 때문이다.

  또 반대로 '선택되고 싶지 않은 경우'에도 계열 위치 효과를 이용할
수 있다.

  예를 들면 당신의 회사에서 '재택근무 팀을 만든다. 멤버는 면담으
로 정한다.'라는 안이 나왔다고 하자.

  만약 당신이 '재택근무 팀에는 들어가고 싶지 않은' 경우에는 되도
록 인상에 남지 않는 순서를 선택하는 게 좋을 것이다. 맨 처음과 마지
막은 피하고, 눈에 띄지 않는 한가운데 주위의 순서로 슬쩍 섞여 들어
가는 것이 행동경제학적으로 이치에 맞는 방법이다.

  계열 위치 효과가 업무와 관계가 있을 뿐만 아니라 소비자의 선택에
어떤 영향을 주는지에 대한 논문도 있다.

  한 실험에서 피실험자는 '지역 특산 와인에 대한 조사'라는 말을 듣
고 지역 특산의 와인 세 종류를 시음했다. 그러나 세 종류라고 했지만
실제로는 모두 같은 와인이었다.

  시음 후, 피실험자들은 각각 "가장 좋았던 와인은 무엇입니까?"라는
질문을 받았다. 그러자 약 절반 이상인 55%의 응답자가 "처음에 마신
와인이 가장 맛있었다."라고 대답했다.

  이것은 현저한 '초두 효과'로 처음에 마신 것이 절반 이상의 응답자
에게 선택된 것이다. 나머지 사람들은 두 번째와 세 번째 와인을 거의

같은 비율(약 25% 미만씩)로 선택했다. 이 결과는 와인에 대한 지식이 적은 사람들 사이에서뿐만 아니라 와인 지식이 풍부한 피실험자들에게도 나타났다고 한다.

5달러짜리 건전지와
'단순 존재 효과'

상황에는 '주위에 사람이 있는 것'도 포함된다. 타인이 우연히 주위에 있었을 뿐인데 의사결정이 바뀌었다는 실험도 있다.

이 실험은 '피실험자에게 5달러를 건네고 소매점에서 건전지를 하나 사오게 한다. 잔돈은 피실험자의 몫이다.'라는 룰로 진행되었다. 즉, 건전지가 싸면 쌀수록 피실험자가 가져가는 잔돈이 많아진다. 또 가게의 손님 중에는 실험의 협력자가 몰래 섞여 있었다.

그러자 재미있는 일이 일어났다. 건전지 매대의 주위에 다른 손님(협력자)이 없을 때는 33%의 피실험자가 가장 비싼 메이커의 건전지를 샀고, 다른 손님이 한 명 있을 때는 약 10%가 늘어 42%의 피실험자가 가장 비싼 메이커의 건전지를 샀다. 다른 손님이 세 명으로 늘어나자 놀랍게도 절반 이상인 63%가 가장 비싼 메이커의 건전지를 샀다.

피실험자에게 건전지 매대의 주위에 있는 손님은 지인도 뭐도 아닌 단순히 지나가는 사람일 뿐이고, 딱히 자신을 주목하거나 뭐라고 말을 걷지도 않았다. 마치 풍경처럼 ㅗ 환경에 타인이 있을 뿐인데 인간의 행동이 달라졌다. 이것을 '단순 존재 효과(Mere Presence Effect)'라 하고 인간은 타인의 존재에 영향을 받는다는 연구다.

또 피실험자는 '타인의 존재에 영향을 받았다.'라고 자각하지 못한다. '주위에 다른 손님이 있다·없다'라는 상황은 그 사람의 무의식에 작용하고 있으므로 설령 피실험자에게 "왜 이 건전지를 샀습니까?"라고 질문해도 "메이커 제품 쪽이 오래 쓸 수 있다고 생각했으니까요."와 같은 대답만이 돌아올 것이다.

거짓말도 허세도 아닌 정말로 그렇게 생각하기 때문에 제1장에서 말한 "마케팅 리서치는 어렵다."라는 주장을 뒷받침하는 실험이다.

20달러짜리 스타벅스의 기프트 카드도
때로는 '과잉 정당화 효과'가 된다

"하고 싶은 것을 일로 했다고 생각했는데 의욕이 오르지 않는다."

본래 하고 싶은 것을 하니까 의욕이 올라가는 것이 마땅하다. 그러나 취미를 일로 한 순간 의욕이 떨어져버린다. 이런 이상한 현상이 일어나는 것도 인간의 비합리적인 점이다.

실은 인간의 의욕이라는 것도 어떤 '상황'이 마련되느냐에 따라 바

뀌게 된다. 그 대표적인 예가 '과잉 정당화 효과(Overjustification Effect)'
이다.

과잉 정당화 효과란 애초에 내발적 동기로 임했는데 금액적 보수 등
의 외발적 동기가 마련되면 동기 부여가 감소한다는 이론이다.

예를 들면 한 회사에 취미인 동영상 편집 기술을 살려 동료를 도와
주는 A씨가 있다고 하자. 좋아하는 일이라 즐겁고, 무엇보다도 동료에
게 도움이 되는 것이 기뻤던 A씨는 잔업 수당도 나오지 않는데 자원봉
사를 하고 있었다. 그러나 그것을 안 상사가 "특별 수당을 지급하겠
다."라고 말했다.

처음에는 '이게 웬 떡이야!'라고 기뻐했던 A씨. 그러나 그것이 몇 개
월 계속되자 점점 동영상 편집 일이 싫어지게 되었다.

'즐겁다, 하고 싶다, 도움이 되고 싶다.'라는 것은 마음속에서 우러난
내발적 동기 부여로 순수한 것이다.

한편 '특별 수당'이라는 것은 외부에서 주어지는 외발적 동기 부여
로 '좋아서 하는 것'이 '수당 때문에 하게 된 일'로 바뀌어버린다. 자원
봉사라면 시간이 있을 때만 도와주면 되었는데, "수당을 줄 테니까 해
줘."라는 말을 들으면 의무가 되기도 하고 압박도 느끼게 된다.

개인적인 이야기를 좀 하면, 나는 회사에 처음 입사했을 무렵 첫 업
계 단체 회합에서 발표하게 되어 그 준비로 막대한 시간과 노력을 들
였다. 줄곧 학계에 있던 내가 일반 기업체 사람들 앞에서 처음 발표하

는 귀중한 기회라고 받아들이고 무보수여도 최선을 다하겠다고 의욕에 넘쳤다.

그런데 발표 후 주최자 측에서 "멋진 발표에 대한 사례입니다."라며 건네준 봉투를 열어 보니 20달러짜리 스타벅스의 기프트 카드가 들어 있었다. "당신 발표의 가치는 20달러다."라는 말을 들은 듯해서 크게 실망했던 것을 지금도 기억하고 있다.

내발적 동기로 노력하고 있는 사람의 의욕을 꺾지 않기 위해서는 말이나 태도로 보수를 대신할 것. "감사합니다, 이런 점이 정말 대단했습니다."라고 정중하게 말로 전하거나, "동영상 편집을 도와줘서 정말 큰 도움이 되었어."라고 커피 한 잔 건네며 감사를 전하는 식이다.

이 경우의 커피는 '보수'가 아니라 '감사함을 전하기 위해 대접하는 행위' '태도로 나타내는 감사'가 된다.

위에서 말한 업계 단체에서 했던 발표의 후일담인데 실은 설문 조사에서 내 강연이 가장 높은 평가를 받았다고 한다. 이 결과 자체가 나에게는 기프트 카드와는 비교도 할 수 없는 수준의 '보수'이건만 이듬해의 회합 때까지 나에게는 전달되지 않았다. 행동경제학의 '효과'를 개인적으로 절실하게 실감한 에피소드다.

'너무 많은 정보'가
인간의 판단을 어지럽힌다

앞 절에서 '인간이 어떻게 상황에 의해 의사결정을 내리는지', 이해했을 것이라 생각한다. 이어서 이번 절에서는 '상황' 중에서도 '정보'에 초점을 맞추고자 한다.

특히 현대는 정보 과잉의 시대. 너무 많은 정보 탓에 인간은 수많은 비합리적인 의사결정에 내몰리고 있다. 지금과 같은 정보사회이기에 배워야 할 것이 많다.

마이크로소프트에서 나타난
'평균 24분'의 충격

집중력을 높여 한정된 시간을 효과적으로 사용하고 싶다, 적확한 의사결정을 내리고 싶다는 것은 비즈니스 엘리트의 공통된 바람이다.

'집중력을 방해하는 요소는 가능한 한 제거하고 싶다.'라고 바라면서 실제로는 집중할 수 없는 상황에 스스로를 놓고 있다. '너무 많은 정보 탓에 인간이 비합리적인 행동을 하는' 것을 행동경제학에서는 '정보 과부하(Information Overload)'라고 한다.

그럼, 실제로 '정보 과부하'에 의해 인간은 얼마나 많은 비합리적인 행동을 할까? 우선은 그 현상을 알아보고자 한다.

예를 들어 사람들은 하루에 몇 통의 메일을 수신할까?

최근 조사에 따르면 IT 엔지니어, 변호사, 컨설턴트, 금융 애널리스트 등 전문 지식을 기초로 지적 노동을 하는 이른바 '지식 노동자'는 적어도 하루에 50회, 많은 사람은 100회나 메일을 체크한다는 결과가 나왔다.

되도록 체크 횟수를 줄이는 게 집중력을 유지할 수 있어서 좋을 것이고, 생산성도 높아질 것이다. 그것을 머리로는 알고 있는데 많은 사람이 수시로 메일박스를 연다. 그야말로 '정보 과부하'. 게다가 메일의 85%는 2분 이내에 개봉된다고 한다.

또 미국의 통신회사 AOL이 4,000명을 대상으로 실시한 조사에서는 60%나 되는 사람들이 화장실 안에서도 메일을 본다는 것이 밝혀졌고, 다른 조사에서는 "휴가 때도 노트북을 가지고 간다."라고 대답한 사람이 컴퓨터 사용자의 85%나 된다는 결과도 나왔다. 인간이 과도한 정보에 얼마나 많이 휘둘리고 있는지 알 수 있다.

실제로 메일 체크로 인해 생산성이 떨어지는 것이 마이크로소프트의 연구에서 밝혀졌다.

마이크로소프트의 연구자가 동사의 사원들을 대상으로 한 조사에서는 수신 메일로 인해 업무를 중단하면 원래 하던 업무로 돌아가기까지 평균 24분이 걸린다는 것이 판명되었다.

다른 비슷한 조사에 따르면 회사의 간부 약 80%는 "정보가 너무 많아서 의사결정에 지장을 초래하고 있다."라고 대답했다. 업무 중단은 근무 시간의 28%에 달하고 그 큰 원인이 메일이라는 너무 많은 정보인 것이다.

그런데 대량으로 수신되는 메일 전부가 업무를 중단하면서까지 바로 확인해야 하는 메일일까? 실제로 인텔이 종업원 2,300명을 대상으로 조사했더니 '수신 메일의 3분의 1이 불필요한 메일'이라는 아이러니한 결과가 나왔다.

이러한 '정보 과부하'의 폐해를 알고도 여전히 많은 사람이 '업무를 제대로 진행하기 위해서는 방대한 양의 정보가 필요하다.'라고 생각하고 있다. 그것을 이해하고 나서 자신의 의사결정에 정말로 유용한 정보를 구별하고, 게다가 좋은 타이밍에서 시간을 들이는 노력도 필요할 것이다.

정보는 너무 많아서는 안 되는 것이
행동경제학

'정보 과부하'는 미시경제에도 큰 영향을 준다.

IT계 컨설팅 회사 바섹스의 조사에 따르면 정보 과부하에 사로잡힌 종업원의 생산성이 떨어짐에 따라 미국 경제 전체에 연간 최저 9,000억 달러의 잉여 비용이 든다고 추정되고 있다.

반복되는 말이지만 '정보가 많으면 많을수록 좋다'는 것은 전통적인 경제학의 사고방식이다. '인간은 올바르고 합리적인 의사결정을 기초로 행동할 수 있다'는 것이 전통적인 경제학의 기본이므로 많은 정보 속에서 베스트를 선택하면 가장 좋은 것을 손에 넣는다는 말이다.

그러나 행동경제학에서는 이미 확인했듯이 인간은 비합리적인 의사결정을 한다는 것이 밝혀졌다. 의사도 정해지지 않았는데 시스템 1으로 판단하여 행동하는 것이 인간이므로 대량의 정보에 사로잡혀 집중력을 잃고, 멘탈과 몸의 건강이 잠식되어서는 베스트로 선택할 수 있을 리가 없다.

'너무 많은 정보는 인간을 피곤하게 하고, 의사결정을 방해할' 뿐이다.

당신이 만약 부하 직원을 거느린 관리직이라면 부하 직원을 위해서도 '정보 과부하'를 의식하는 게 좋을 것이다.

"지시나 피드백은 간결하게."라는 말을 종종 하는데, 이것을 행동경제학적으로 말하면 "정보 과부하를 피하세요."라는 말이다. 그렇지 않으면 부하 직원은 '이해할 수 없다.' '요점을 파악할 수 없다.' '어디서부터 시작해야 할지 모르겠다.'라는 상태가 되어버린다. 정보가 너무 많으면 이해할 기력이 없어지고, '알려고 하는' 노력도 하기 어려워지기 때문에 결단으로 이어지지 않게 된다.

영업을 예로 들면 최근에는 각사가 서비스하는 상품의 범위가 늘어나서 파는 상품에 대한 지식이 과부하가 되었다. 지금까지의 상품 정보는 물론, 신상품의 정보, 각각의 이점과 불리한 점도 알아두어야 하기 때문이다. 또 담당 고객이나 그 이외의 스테이크홀더에 관한 정보나 구매 이력도 처리해야 하고, 물론 경쟁 업체의 상품도 파악해두어야 한다.

또 금융이나 제약 회사라면 최근에는 컴플라이언스가 엄격하기 때문에 여러 가지 세세한 주의사항도 알아두어야 한다.

이러한 정보 과부하를 막기 위해서는 부하 직원에게 한 번에 여러 가지 상품의 정보를 익히게 할 것이 아니라 가능한 한 소수의 상품부터 시작한다. 또는 우선순위를 매겨준다. 또 모든 지식을 한 번에 가르칠 것이 아니라 우선은 단순한 상품 설명부터 가능하도록 트레이닝해서 판매하도록 하고 그것이 몸에 익으면 다음의 상품 지식을 익히게 하는 단계를 만들면 될 것이다.

또 이 책을 집필하는 동안 "비즈니스에 도움이 된다." "리서치 시간을 꽤 많이 단축할 수 있다."라며 최신 AI인 챗GPT가 화제가 되었다. 이러한 AI는 대량의 데이터를 학습하여 자연스러운 문체로 요약해주기에 인지적 유창성도 높고, 정보 과부하도 방지할 수 있다는 것이 큰 요인 중 하나일 것이다.

또 정보 과부하는 업무의 퍼포먼스나 만족도를 떨어뜨릴 뿐만 아니라 심리적·신체적인 '병'으로 이어진다는 연구도 있다.

홍콩 대학교의 알리 파후먼드 등이 1,300명의 관리직을 대상으로 조사했더니 25%가 정보 과부하의 영향을 받고 있고, 두통과 우울증 등 스트레스성 트러블이나 질환을 안고 있다는 것이다.

그런데도 왜 메일을 보는 걸까? 왜 스마트폰에서 손을 떼지 못할까?

그 이유는 댄 허먼이 제창한 FOMO(Fear of Missing Out)에 있다. 재미있는 정보를 놓칠지도 모른다, 자기만 뒤처지는 것이 두렵다는 감정으로 인해 늘 정보를 체크하게 되는 것이다.

독자를 '정보 과부하'에 빠뜨리지 않는
어느 출판사의 궁리

반대로 너무 많은 정보를 타인에게 쉽게 받아들일 수 있게 하는 방법도 있다.

실은 여러분이 읽고 있는 이 책에 그 장치를 마련해놓았다.

서적은 그야말로 '정보 과부하'에 빠질 수 있는 대표적인 예다. 페이지 수에 따라 다르긴 하지만 한 권의 책에 대체로 10만 자나 되는 정보가 들어가 있다고 한다. 아무 궁리도 하지 않으면 독자가 읽어주기를 바라는 부분을 읽어주지 않게 된다.

이 책에서는 거의 모든 연구 정보를 190편 정도의 오리지널 연구 논문에서 인용하고, 다른 책에서 인용하는 것은 최소한으로 하여 증거에 기초한 교양서로 펴냈지만, 이 책을 읽는 것만으로는 독자 여러분께 좀처럼 그것이 전달되지 않을 것이다. 그래서 이 책 뒷부분의 '참고 문헌'에 논문 정보를 기재하면서 다른 페이지와는 다른 회색으로 바탕색을 넣어서 구별해놓았다.

'정보 과부하로 간과되는' 것을 줄일 수 있는 하나의 방법은 '차이'를 만드는 방법이다. 인간은 '비교'에 의해서 사물을 인지하므로 다른 대부분이 '백색'인 것에 대해 일부러 '회색' 페이지를 마련함으로써 '아, 뭔가 다르구나.'라고 상대의 주의를 끌 수 있다. 참고로 이 책은 '참고 문헌' 외에도 몇 군데 '회색' 바탕으로 되어 있는 곳이 있는데, 그런 곳은 '그 장의 개요' 등 중요한 부분이다.

'너무 많은 선택지'로 인해
아무것도 선택할 수 없게 된다

4,000개의 화장지와
'선택 과부하'

'정보'에서 파생하여 '선택지'에 대해서도 생각해두어야 할 것이 있다. 특히 비즈니스맨인 여러분이라면 상대에게 선택지를 제시하는 상황이 빈번하게 있을 것이다.

쉽게 예를 들면 당신 기업의 상품이나 서비스를 사는 고객에게 어느 정도의 상품이나 서비스에 대한 선택지를 제시해야 할까? 또 상사에게 안건을 제시할 때 어느 정도의 안건을 어떤 방법으로 제시해야 할까?

'정보 과부하'와 유사하지만 행동경제학에서는 '선택 과부하(Choice Overload)'라는 이론도 있다. 선택지가 너무 많아서 상대는 선택할 수 없게 되어버리는 것이다.

'의사결정에 방해가 되어 행동할 수 없다'는 정보 과부하의 문제는 선택 과부하(너무 많은 선택지)로 이어진다.

2022년 미국에서 실시한 '선택 과부하'의 조사에 따르면 대상자의 28%가 "쇼핑할 때 선택지가 너무 많다."라고 대답했다. 특히 일용품은 48%의 미국인이 "선택지가 너무 많아서 고를 수 없다."라고 말했다.

예를 들어 미국의 인터넷 쇼핑몰인 아마존에서 '화장지'로 검색하면 4,000건 이상이 검색된다. 필수품이고, '홑겹'이거나 '2겹' 혹은 '부드러움' 등 개인별로 선호하는 것이 있겠지만, 확실한 것은 단 하나 절대로 4,000건이나 되는 선택지는 필요 없다는 것이다.

전통적인 경제학에서는 '인간은 4,000개의 화장지를 비교 검토하고, 가격, 품질, 리뷰까지 모두 보고 가장 좋은 것을 선택한다.'라는 것을 전제로 생각한다. 실로 합리적이다.

그러나 실제로는 어떨까? 행동경제학은 '실제 인간의 행동'을 설명하기 위한 학문이다. 다소의 비교 검토는 할지 모르지만 실제로 인간은 감각으로 적당히 고른다.

예를 들어 "가격이 싼 것이 좋다."라며 세일 상품을 클릭한다. 설령 세일해도 가격 인하 전의 원래 가격이 높으면 좀 더 싼 다른 것을 찾으면 있을지도 모르는데, 거기까지는 생각하지 못하고 선택한다. 시스템 1로 즉석에서 의사결정을 내린 것이다.

미국에 간 적이 있는 사람이라면 알지도 모르지만, 미국의 대형 슈퍼마켓에 가면 수많은 종류의 음료가 진열되어 있나. 탄산음료, 스포츠 드링크부터 커피와 에너지 드링크 등이 나란히 줄지어 있고, 최근에 유행하는 홍차 버섯이 함유된 건강음료를 100종류 이상 구비한 슈퍼마켓까지 있다.

슈퍼마켓 측은 잘 팔릴 거라 생각해서 그렇게 준비했겠지만, 그 상황을 마주하는 소비자는 곤혹스럽다. 상품을 하나하나 비교 검토하여 자신에게 가장 좋은 상품을 선택하려니 너무 많은 시간과 노력이 들기 때문이다. 개중에는 비교 검토할 것까지도 없이 사는 것 자체를 포기해버리는 사람도 많다.

최근에는 일본에서도 인터넷에서의 정보수집이 늘어난 줄로 아는데, 일전에 일본의 레시피 앱에서 나베 요리의 레시피를 검색했더니 5만 건 이상의 검색 결과가 나왔다. '#간단'이라고 입력해도 1,000건 이상의 검색 결과가 나왔다. '시간이 없으니 바로 끓이기만 하면 되는 나베 요리로 하자.'라고 시간을 절약하고 싶을 때는 선택지를 일일이 보는 것만도 짜증이 날 것이다.

도대체 왜 100종류나 되는 음료수를 파는 걸까? 100종류의 음료수가 골고루 팔릴 리도 없지 않은가.

그런데도 왜 소매점이나 쇼핑몰은 많은 상품을 구비해놓은 걸까?

이유는 명확하다. 선택지가 너무 적으면 사람들이 관심을 보이지 않기 때문이다. 앞에서 말한 레시피 앱도 '382만 건이 넘는 레시피를 검색할 수 있다.'는 것이 판매 포인트였다. '선택지는 많을수록 좋다.'는 사람들의 생각을 이용해서 비슷한 것을 몇 종류나 쌓아놓음으로써 그것을 매력적으로 생각하고 가게로 찾아오는 고객을 늘릴 수 있다. 그 대신 선택 과부하를 낳고, 그 결과 소비자는 아무것도 선택하지 않는 다는 아이러니한 상황이 된 것이다.

아마존과 TikTok이 장치한 '선택 아키텍처'란?

이것에서도 알 수 있듯이 인간은 많은 선택지가 있는 것을 선호하지만, 너무 많으면 결정 장애를 일으킨다. 참 모순된 일인데, 이것이 비합리적인 인간의 있는 그대로의 모습이다.

앞에서도 말했듯이 선택지가 너무 많으면 잘 모르는 상품을 선택하거나 할 때는 '선택 마비(Choice Paralysis)'가 되어버린다. 선택을 미루거나 또는 '선택하지 않는' 결과로 이어지는 경우가 많다. '선택하고 싶은데 선택할 수 없다.'라는 결과가 되어버리는 것이다.

그럼, 선택지를 어떻게 제시하면 상대의 선택을 받을 수 있을까? 그래서 '선택 아키텍처(Choice Architecture)'라는 방법을 생각하게 되었다. '아키텍처'란 '설계'의 의미. 선택 아키텍처란 선택지를 어떻게 설계하면 되는지, 최적의 방법을 찾는 개념이다.

전 세계의 기업은 실제로 다양한 선택 아키텍처를 구사하고 있다.

아마존은 유저의 데이터를 축적한 뒤 알고리즘을 사용하여 '추천 상품'을 제시하고 있다. '가격순, 신상품순, 인기순' 등의 필터를 채용하여 소비자가 선택하기 쉽게 하고 있는 것도 '선택 아키텍처'다.

그 외에도 TikTok은 '처음부터 선택되고 있다'는 방법을 채용하고 있다. 실제로 TikTok을 사용하면 앱을 연 순간에 아무것도 선택하지 않아도 바로 동영상이 재생되기 시작한다. 그렇게 많은 양의 동영상이 있으면 스스로는 어느 동영상을 보면 되는지 알 수 없고, 유저는 결국 선택하지 못하게 된다. 그래서 처음부터 그 유저가 흥미를 느낄 만한 동영상을 자동으로 재생해버리는 것이다. 그렇게 함으로써 유저는 선택할 필요가 없어진다.

게다가 자동으로 동영상을 재생하는 것에 의해 '현상 유지 효과'도 작용하고, 그 결과 유저는 시간을 죽이듯이 계속해서 TikTok을 시청한다는 것이다. 이것이 TikTok류의 선택 아키텍처다.

넷플릭스도 마찬가지다. 앱을 열면 반드시 추천 드라마의 한 장면이 자동으로 재생된다. 역시 유저가 선택 과부하에 빠지지 않도록 하기 위한 장치다.

또 다른 동영상 앱도 마찬가지로 넷플릭스는 과거에 시청한 데이터를 근거로 '이 유저는 이런 속성으로 이런 것을 선호한다.'라고 판단하여 선택 아키텍처를 만들고 있다.

2개월 후에도 "저 와인은 최고였어." 라고 말하게 하는 방법

그 외에도 효과적인 '선택 아키텍처'의 예를 소개한다.

특정한 정보를 명확하게 표시함으로써 소비자를 선택 과부하에 빠지지 않게 하는 방법도 있다.

박사 연구원 시절에 신세를 진 콜로라도 대학교 볼더 캠퍼스의 경영대학원 교수 린치 등이 와인을 이용한 실험을 했다. 와인 판매 사이트의 무수히 많은 와인 중에서 소비자가 선택하기 쉽게 하기 위해서 어떻게 하면 되는지를 조사한 것이다.

이 실험에 의하면 산지나 '감미·산미·떫은맛' 등의 품질 정보를 알기 쉽게 하면 구매하는 사람이 늘어난다는 것이 밝혀졌다. 또 품질 정보를 알면 소비자는 가격에 대해서도 관대해져서 고민 없이 선택하게 되었다고 한다.

아울러 이 실험에서는 2개월 후에 추적 조사도 이루어졌다. 품질 정보를 안 후에 구매한 사람들은 이 추적 조사에서도 "그때의 와인은 맛있었

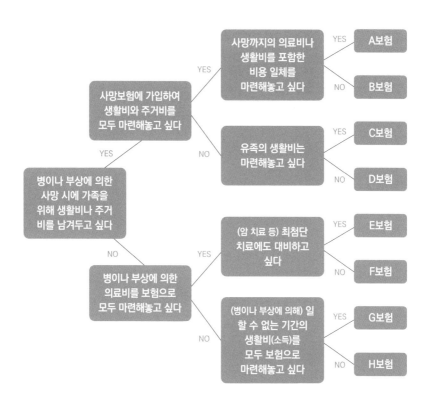

어.”라고 2개월 전에 산 와인이 만족스러웠다고 대답한 사람이 많았다.

특히 와인처럼 평소 사람들이 선택하는 데 어려움을 겪는 상품의 경우는 ‘품질 정보’를 명확하게 기재하고, 인터넷 판매라면 소비자가 검색하기 쉽게 해주면 될 것이다.

앞에서 말한 레시피 앱은 유저가 월 400엔을 지불하면 인기 레시피를 순위대로 볼 수 있게 해놓는 식으로 시간과 노력을 절약할 수 있는 '선택 아키텍처'를 제공하고 있다.

또 선택 과정인 '디시전트리'를 사용함으로써 선택 과부하에 빠지지 않게 하는 방법도 있다(도표 11).

일본에는 전 국민을 위한 공통의 건강보험 제도가 있지만, 미국에서는 주마다 보험 플랜이 다른데, 가장 많은 주는 무려 40건 이상의 플랜 중에서 선택해야 하는 경우도 있다. 그야말로 선택 과부하에 빠지게 되는 대표적인 예라고도 할 수 있다. 이런 경우엔 수십 건의 플랜을 한 번에 표시하기보다도 도표 11과 같은 선택 과정인 '디시전트리'로 나타내면 될 것이다. YES와 NO로 대답하는 것만으로 자신에게 좀 더 맞는 보험 플랜에 도달할 수 있게 해주는 것이다.

앞으로는 AI의 발달 등으로 '디시전트리'의 활용도 높아질 것이다.

선택지는
10개가 베스트

그럼 행동경제학의 관점에서 선택지는 몇 개 정도 제시하는 것이 좋을까?

듀크 대학교 시절의 내 친구이기도 한 대학 준교수 애브니 샤는 어

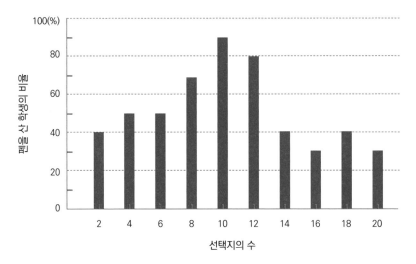

|도표 12|

출전: Shah, A. M., & Wolford, G. (2007). Buying behavior as a function of parametric variation of number of choices. PSYCHOLOGICAL SCIENCE—CAMBRIDGE—, 18(5), 369—370.

느 정도 수의 선택지를 제시하면 어느 정도의 사람이 상품을 구매하는
지 조사했다.

이 실험에서는 피실험자인 학생들에게 "만약 이 중에 갖고 싶은 펜
이 있다면 한 자루 구매하시오. 없으면 사지 않아도 됩니다."라고 전하
고, 어떤 사람은 '2자루에서 1자루를 고른다.', 어떤 사람은 '20자루에
서 1자루를 고른다.'와 같이 선택지의 수를 바꿨다.

결과는 도표 12와 같다. 2자루에서 고르는 경우 펜을 구매한 학생
의 비율은 40%. 4자루 중에서 1자루, 6자루 중에서 1자루로 선택지

가 늘어날수록 구매율도 올라가고 10자루면 약 90%로 구매율이 가장 높아진다.

그러나 선택지가 11자루 이상이 되면 구매율은 내려간다. 선택지가 20자루까지 올라갔을 때는 선택지가 2자루밖에 없었을 때보다 구매율은 줄어들었다.

물론 상품의 종류나 인터넷인지 매장인지 등의 구매환경, 또 고객층에 따라 적절한 선택지의 수는 바뀐다. 자신의 상품은 어느 정도가 베스트인지 의식적으로 고려해보면 될 것이다.

'넛지 이론',
그래도 '오늘의 맥주'는 효과적이었다

선택지가 많은 쪽에 사람들은 모이기 쉽다. 그러나 너무 많으면 이번엔 선택 과부하가 되어 어느 것도 선택하지 않게 되어버린다.

그러므로 만약 당신이 이것을 비즈니스에서 활용하려고 생각했다면 '마케팅'의 단계와 '판매처'에서의 단계로 선택지를 제시하는 방법을 바꿔야 한다.

예를 들어 당신이 바를 운영하고 있고, 그 바의 세일즈 포인트가 '수제 맥주의 다양함(100종류의 맥주가 있다)'이라고 하자. 다양한 선택지가 사람들을 쉽게 모을 수 있게 한다.

그러나 막상 손님이 오는 매장 안에서는 '수제 맥주가 100종류가 있다.'는 것만으로도 선택 과부하에 빠지게 된다.

대책으로는 맥주의 종류나 맛, 알코올 도수에 따라 종류를 나누고, 보기 쉽게 정리하는 것도 좋지만, 넛지 이론도 효과적이다. 예를 들면 '오늘의 맥주' '인기 맥주' 등의 추천 메뉴를 만드는 방법이다.

또 고객의 기분에 따라 의사결정을 할 수 있도록 "기분이 상쾌해지고 싶은 분께는 이 맥주를 권합니다."라고 추천하는 것도 좋을 것이다. "이 맥주를 추천합니다."라고 '가볍게 던지는' 것으로 고객은 100종류의 맥주를 일일이 음미하지 않고 디폴트(추천 맥주)를 선택하고 '맛있는 걸 골랐다.'고 만족한다. 특히 바 등에서는 친구와 이야기를 나누면서 메뉴를 보곤 하기 때문에 시스템 2가 작용하기 어려울 것이다. 시스템 1으로도 쉽게 결정할 수 있는 넛지는 소비자에게도 고마운 일이 된다.

이처럼 우리가 사는 곳은 선택 과부하의 세상이고, 어떠한 정리와 제시도 거기엔 반드시 기업 측이 장치한 선택 아키텍처가 감춰져 있다.

잡스에게 배우는
'적당한 선택'이라는 비법

자, 지금까지 '상대가' 선택을 쉽게 할 수 있게 하는 방법을 설명했다. 이제 마지막으로 '당신이' 선택을 쉽게 할 수 있게 되는 것의 중요성을 설명하겠다.

당신도 비즈니스의 현장에서 매일 무수한 선택에 쫓기고 있을 것이다. 지금까지도 말했듯이 전통적인 경제학으로는 모든 선택지를 검토하고 숙고한 후에 결정하는 것이 좋지만, 지금의 사회에서는 현실적으로 무리이고, 비즈니스로서 시간을 너무 많이 쓰거나 '결국 아무것도 선택하지 않는다.'가 되어버리는 것은 피해야 한다.

그럼, 어떻게 선택 과부하로부터 빠져나오면 될까?

'애초에 선택하지 않게 한다.'라는 것은 하나의 방법이다.

스티브 잡스가 검정 터틀넥만 입었던 것은 유명한 일인데, 오바마 전 대통령도 "슈트가 세 벌밖에 없다."라고 말한 적이 있다. 마크 저커버그가 복장을 패턴화한 것도 마찬가지로 '애초에 선택하지 않게 한다.'라는 방법을 취한 것이다.

아무래도 상관없는 것은 선택하지 않는 구조를 만들면 그 외의 중요한 일로 선택 과부하에 빠질 가능성을 줄일 수 있다. 옷을 고르느라 시간을 보내지 않음으로써 여유가 생기고 좀 더 중요한 일에 시간을 들이며 시스템 2로 음미할 수 있다.

또 현실을 재인식해보는 것도 하나의 방법이다.

왜냐하면 애초에 그렇게 중요한 선택이 많지 않을뿐더러 설령 중요하다고 해도 A로 하느냐 B로 하느냐로 그렇게 결과가 달라지지 않기 때문이다.

우리는 매일 무수한 선택을 하고 있지만, 모든 것이 중요한 과제일리도 없고, '어느 쪽을 선택해도 결과는 그렇게 달라지지 않는다.'라는 의사결정이 실제로는 많다. 그런 선택에 일일이 시간을 쓴다면 기회 손실이 될 것이고, 관심경제의 시대에는 주의력을 소모하는 일이 되기도 한다.

그래서 제안하고 싶은 것이 '애초에 그 선택에 시간을 써야 하는가.'라는 것을 염두에 두는 것이다. 필시 많은 부분을 차지하는 '아무래도 상관없는 것'은 적당히 결정하자.

예를 들어 '연말연시 인사는 직속 상사인 과장님에게 가장 먼저 해야 할까, 아니면 부서장인 부장님에게 먼저 해야 할까?'라는 고민을 하는 사람이 있는데, 상대는 인사 순서까지 세세하게 의식하지 않는다. 출장 때 항공회사나 호텔을 어디로 할지 고민하는 사람도 있는데, 출장 때는 호텔에 있을 시간도 빡하니 어디를 골라도 큰 차이는 없을 것이다. 개인적으로 나는 '절대로 시간을 쓰는 게 좋다'가 아니면 시간을 쓰지 않는 것을 디폴트로 하고 그 결정 자체도 정하기 쉬운 것으로 한다. 리소스가 한정된 비즈니스의 세계에서는 '아무래도 상관없는 것은 적당히'라는 전략이 실은 효율적이다.

또 자신이 어느 쪽이든 상관없다고 생각하는 것이나 '이건 취향 문제야.'라고 생각할 때는 부하 직원에게 맡긴다. 그러면 중대한 의사결정을 많이 내려야 하는 자신이 선택 과부하에 빠지는 것을 방지하고, 그만큼의 시간을 경영전략이나 중요한 클라이언트와의 면담에 활용할 수 있다.

게다가 부하 직원에게는 "당신을 믿으니까 당신이 결정해주세요." 라고 권한을 주는 것에 의해 '신뢰하고 있다.'는 메시지를 전할 수 있다. 또 부하 직원에게도 좋은 경험이 될 것이다. 물론 상사로서의 책임은 자신이 지고, 반대로 잘 처리했다면 부하 직원을 칭찬해준다.

나오미 맨델의 조사와
'프라이밍 효과'

본 장에서는 제1절에서 '우리는 상황에 의해 결정을 내린다.'라는 대전제를 이해하고, 제2절, 제3절에서 정보 과부하, 선택 과부하라는 지금의 시대에 특유한 '상황'이 어떻게 의사결정이나 행동에 영향을 미치는지를 봐왔다.

그러나 상황이란 '머리 밖의 일'이므로 그 외에도 무수히 많다. 소매점에서 흐르는 음악, 그날의 날씨나 시간대, 우연히 눈에 띈 수치.

인간이 생각해서 스스로 선택하기 전에 상황이 "이것으로 해라."라고 명령했다면?

이번 제4절에서는 정보나 선택 외에도 다양한 '상황'의 이론을 소개한다.

얼핏 아무렇지도 않게 보이는 상황에 의해 뇌가 영향을 받는 예로 종종 거론되는 것이 '프라이밍 효과(Priming Effect)'다. 프라이밍 효과란 제시된 프라이머(Primer=자극, 시발체)에 의해 인간의 행동이 바뀌는 것을 말한다.

프라이밍 효과가 매우 흥미로운 것은 색, 음악, 위치, 냄새 같은 자극이 무의식중에 인간의 의사결정에 영향을 준다는 점이다.

애리조나 주립대학교의 나오미 맨델 교수가 실시한 조사에서는 자동차 판매 EC 웹사이트를 두 종류 만들어 각각의 사이트에서 '안전성 중시 모델'과 '가격 중시 모델'을 동시에 판매했다. 두 사이트는 상품의 배경색이 다를 뿐 나머지는 전부 같다. 결과는 어떻게 되었을까?

배경이 녹색인 사이트에서는 '가격 중시 모델'을 선택한 사람이 66%, '안전성 중시 모델'을 선택한 사람이 34%라는 결과가 나왔다. 일본과는 조금 다를지 모르지만, 미국에서 녹색은 '돈'을 떠올리게 한다. 왜냐하면 1달러 지폐의 색이 녹색이기 때문이다. 그러므로 '가격 중시 모델'을 선택하는 사람이 좀 더 많았던 것이다.

한편, 배경이 빨간색인 사이트에서는 '안전성 중시 모델'을 고르는 사람이 50%까지 늘어났다. 빨간색은 '불꽃·폭발·위험→사고'라는 이미지가 강하기 때문에 무의식중에 '안전성 중시 모델'을 고르는 사람이 늘어난 것이다.

고작 배경색으로 의사결정에 영향이 미친다. 게다가 무의식중에 일어나는 일이라 행동경제학을 도입하려는 기업이 급증하는 것도 수긍이 된다.

프랑스풍 BGM으로
83%가 프랑스 와인을 산다

또 하나 '프라이밍 효과'를 조사한 연구를 예로 들어본다.

한 와인 숍에서 2주간, 주마다 매장 안에서 흐르는 음악을 바꾸고, 팔리는 와인의 경향을 조사했다. 매장 안에는 프랑스 와인과 독일 와인을 진열해놓았다. 같은 가격대, 같은 단맛과 떫은맛으로 준비했고, 음악 외에 차이가 나지 않도록 했다. 또 눈에 띄는 장소의 와인이 잘 팔리는 것은 당연하므로 주에 따라 각각의 와인을 진열하는 장소를 바꾸어 불공평을 없앴다.

그 결과 프랑스를 연상시키는 BGM을 튼 날은 손님의 83%가 프랑스 와인을 구매했다. 반대로 독일을 연상시키는 BGM을 튼 날에는 손님의 65%가 독일 와인을 샀고, 프랑스 와인을 산 사람은 35%까지 감소했다.

이 실험에서 재미있는 것은 구매 후의 손님에게 "실은 조사를 하고 있습니다."라고 밝히고, 설문 조사를 한 것이다. 설문 조사에서는 아래와 같은 질문을 했다.

"실은 프랑스를 연상시키는 곡을 틀었습니다. 당신도 그것에 끌려 프랑스 와인을 샀습니까?"

그러나 실제로 그것을 자각한 사람은 고작 15% 정도였다. 나머지 85%는 음악을 전혀 의식하지 못하고 프랑스 와인을 선택한 것이다.

이 실험 외에도 매장 안에서 클래식 음악을 틀면 비교적 비싼 와인이 팔리는 경향을 보인다는 연구도 있다.

어느 실험에서나 손님은 '자신이 주체적으로 골랐다.'고 생각했다. 그러나 이런 수치가 나온 것을 보면 우리가 얼마나 상황에 의해 '결정을 내리는지' 알 수 있다.

이러한 프라이밍 효과는 종업원의 실적에도 활용할 수 있다. 그 예로서 CEO가 사내 메일을 보낼 때 성취감을 연상시키는 12가지 말을 넣었더니 직원들의 퍼포먼스가 15%, 효율이 35% 올라갔다는 연구도 있다.

그 12가지 말을 직역하면 '승리, 달성, 경쟁, 노력, 번영, 이겨서 우쭐하다, 달성하다, 마스터했다, 이기다, 성공, 이익, 성취하다'이다.

영어를 직역했으므로 위화감이 있을지도 모르지만 강하고 긍정적인
말을 메일에 넣는다는, 바로 실행할 수 있는 전략이다. 스스로도 좋은
프라이밍 효과가 날 것 같은 긍정적인 말을 찾아 일상생활에서 쓰는
것을 시도해볼 가치는 있다.

고른다면 '살코기 75%'와 '지방질 25%' 중 어느 쪽?

'프라이밍 효과'와 더불어 이해해두어야 할 것이 '프레이밍 효과
(Framing Effect)'다. 같은 내용이라도 무엇을 강조하느냐에 따라 받아
들이는 사람의 의사결정이 바뀐다는 이론으로 1981년에 카너먼과 토
벨스키가 《사이언스》지에 발표했다. 이름대로 '프레임(Frame=틀, 틀
에 넣다)'으로 정보의 어느 부분이 강조되느냐에 따라 인식하는 방법이
다른 것을 가리킨다.

'프레이밍'에는 여러 가지가 있다. 잘 알려진 속성屬性 프레이밍의 예
가 '다진 쇠고기'의 예. 장을 보러 갔을 때 당신이라면 어느 쪽을 선택
하겠는가?

- A. '살코기 75%'로 표시된 고기
- B. '지방질 25%'로 표시된 고기

실험에서는 A와 B 두 패키지를 피실험자에게 보여주고 아래의 네 가지 포인트로 평가하게 했다.

1. 맛있어 보인다/맛없어 보인다
2. 기름져 보인다/기름져 보이지 않는다
3. 품질이 좋아 보인다/나빠 보인다
4. 지방이 많아 보인다/적어 보인다

A패키지를 본 피실험자는 "맛있어 보인다. 기름질 것 같지도 않고, 살코기가 많고, 품질이 좋아 보여. 지방도 적을 거야."라고 평가했다. 물론 B보다 높은 평가다. 그러나 잘 생각해보면 두 패키지는 표현이 다를 뿐 내용은 같다.

또 이 실험에서는 아래의 세 가지 패턴으로 속성 프레이밍의 효과가 어떻게 바뀌는지 검증되었다.

- 패턴 1: 패키지를 보기만 하고 시식하지 않는 경우
- 패턴 2: 패키지를 보고 나서 시식하는 경우
- 패턴 3: 시식하고 나서 패키지를 보는 경우

세 가지 패턴을 비교하면 패턴 1의 '보기만 하고 시식하지 않는 경우'가 가장 속성 프레이밍 효과가 크고, "A가 좋다."라고 A에 대한 평

가가 최대가 되었다.

한편, '패키지를 보고 나서 시식하는' 패턴 2의 경우는 1보다 속성 프레이밍 효과는 줄어들고 1보다 A에 대한 평가는 낮아졌다.

마지막의 '시식하고 나서 패키지를 보는' 패턴 3의 경우는 속성 프레이밍 효과의 영향이 거의 없었다.

실로 '무엇'을 '어떻게' 제시하느냐로 결과가 달라지는 대표적인 예라 할 수 있다.

'프로스펙트 이론'이란
무엇인가?

카너먼과 토벨스키는 프레이밍 효과에는 긍정적인 것과 부정적인 것이 있다고 말했다. 그것을 설명하는 꽤 유명한 실험이 있기에 소개한다.

이 실험에서는 학생들에게 '가상의 병'에 대해 질문하고 답을 들었다.

우선 학생들에게 "어떤 병이 유행하고 있다. 그 병으로 인해 600명이 사망할 것으로 예상된다."라고 전했다.

그 후에 자신이 책임 있는 위치에 있다면 아래의 대책 A와 대책 B 중 어느 것을 선택할지 물었다. 그러나 그것을 그냥 그대로 묻는 것이 아니라 '표현 1'과 '표현 2'와 같이 바꿔서 별도의 두 학생 그룹으로부터 답을 들었다. 읽어보면 알겠지만, 실은 '표현 1'과 '표현 2'는 표현이 다를 뿐 내용은 완전히 똑같다.

표현 1

- 대책 A=대책 A를 선택하면 '확실히 200명은 목숨을 건지고, 400명은 목숨을 건질 수 없다'
- 대책 B=대책 B를 선택하면 '3분의 1의 확률로 600명 전원이 목숨을 건지고, 3분의 2의 확률로 아무도 목숨을 건질 수 없다'

표현 2

- 대책 A=대책 A를 선택하면 '확실히 400명이 사망하고 200명이 사망하지 않는다'
- 대책 B=대책 B를 선택하면 '3분의 1의 확률로 아무도 사망하지 않고, 3분의 2의 확률로 600명 전원이 사망한다'

'표현 1'과 '표현 2'는 긍정적인 말투(200명이 목숨을 건진다)로 하느냐, 부정적인 말투(400명이 죽는다)로 하느냐의 차이이다. 또 대책 A는 그것을 선택하면 100% 확률로 어떤 결과가 되는지 알지만, 대책 B는 결과에 리스크가 있는 것이다.

자, 당신이라면 어느 쪽을 선택하겠는가?

긍정적인 '표현 1'의 경우는 확실성이 있는 대책 A를 선택하는 학생 쪽이 많아서 72%였다. 프로스펙트 이론에 따르면 그것은 인간에겐 '얻는 것(=몇 명 목숨을 건진다)이 강조되면 확실성을 찾고 리스크를 피한다.'라는 경향이 있기 때문이다.

즉, 표현 1의 경우 양쪽의 대책이 살아남을 확률(긍정적인 프레임)로 표시되고 있기 때문에 대책 B의 리스크 '3분의 2의 확률로 아무도 목숨을 건지지 못한다.'를 피해 '200명은 목숨을 건진다.'라는 대책 A를 선택한 것이다.

'○○명 죽는다.'라는 부정적인 표현 2의 경우, 78%의 학생들은 리스크가 있는 대책 B를 선택했다. 프로스펙트 이론에 따르면 그것은 인간에겐 '손실(=몇 명 사망)이 강조되면 리스크를 찾는다.'라는 경향이 있기 때문이다. 즉, 확실히 400명이 죽는 것보다 리스크를 감수하고 아무도 죽지 않을 가능성에 거는 선택을 한 것이다.

이것을 비즈니스의 세계에 응용한 실험도 있다. 이 실험에서는 "어느 중요한 부품의 납품업자가 가격을 인상하는 바람에 당신 기업의 자금이 600만 달러나 위험해졌다."라고 피실험자가 전달받았다.

그리고 표현 1 그룹의 피실험자에게는 다음과 같이 전했다.

· 대책 A=대책 A를 선택하면 확실히 200만 달러를 절약하게 된다

- 대책 B=대책 B를 선택하면 600만 달러 전액을 절약할 수 있는 확률이 3분의 1, 한 푼도 절약할 수 없는 확률이 3분의 2 였다

표현 2 그룹의 피실험자에게는 같은 정보를 부정적인 프레이밍으로 전했다.

- 대책 A=대책 A를 선택하면 400만 달러의 손실이 확정된다
- 대책 B=대책 B를 선택하면 손실이 나지 않는 것이 3분의 1의 확률이고, 600만 달러를 잃는 것이 3분의 2의 확률이다

앞의 '가상의 병'에서 나온 결과와 마찬가지로 '절약'이라는 긍정적인 표현인 경우에는 피실험자의 대부분인 75%가 대책 A를 선택했다. 그러나 '손실'이라는 부정적인 표현인 경우에는 20%만이 대책 A를 선택했다.

이처럼 같은 내용이라도 표현이 긍정적인 프레임인지 부정적인 프레임인지에 따라 받아들이는 사람의 행동이 달라진다.

컬럼비아 × UCLA
'프레이밍 효과'의 연구

내가 듀크 대학교에서 박사 연구원일 때 컬럼비아 대학교와 캘리포니아 대학교 로스앤젤레스 캠퍼스와의 공동 연구에서도 프레이밍 효과에 대해 실험했다. 그 연구에서는 노후 자금의 관리에 가장 중요한 요인으로 일컬어지는 '수명'에 대해 두 가지 프레이밍으로 물었다. '수명'이 노후 자금의 관리에 매우 중요한 것은 퇴직 후 수입이 없어지고 저축해온 돈을 '매달 얼마나 쓰면 되는지'가 '앞으로 몇 년 동안 저축을 더 해야 되는지'와 매우 깊은 상관관계에 있기 때문이다.

- 프레이밍 1. 당신이 55세까지 살 확률은 몇 %라고 생각하는가?
- 프레이밍 2. 당신이 55세까지 죽을 확률은 몇 %라고 생각하는가?

마찬가지로 나이를 바꿔 65세, 75세, 85세에 대해서도 물었다. 이 결과를 기초로 본인이 신청한 평균 수명을 수치화해보았더니 프레이밍 1 쪽일 때의 평균 수명이 프레이밍 2보다 10년 정도 늘어나 있었다. 이것은 프레이밍 1이라면 인간은 '55세까지 살 수 있는 원인'에 초점을 맞추고, 프레이밍 2라면 인간은 '55세까지 죽어버릴 원인'에 초점을 맞춰 생각하기 때문일 것이다.

이것은 자신의 인생 설계와도 관련된 중요한 의사결정에도 프레이밍 효과가 나온다는 증거다.

이러한 프레이밍 효과는 일상의 일터에서도 자주 볼 수 있다. 영업이나 개발과 관련된 논의를 할 때는 이익에 초점을 맞추면 리스크를 취하고 싶어 하지 않지만, 일단 손실 가능성에 시선이 가면 리스크를 취하고 싶어 한다. 그 균형을 맞추기 위해서는 양쪽 관점에서 장점과 단점을 뽑아보는 것도 좋을 것이다. 앞의 비즈니스 사례에서 말하면 이렇다.

- 대책 A를 선택하면 '확실히 200만 달러를 절약하게 된다. 다시 말하면 400만 달러의 손실'
- 대책 B를 선택하면 '600만 달러 전액을 절약할 수 있는 확률이 3분의 1, 한 푼도 절약할 수 없는 확률이 3분의 2였다. 다시 말하면 3분의 1의 확률로 손실이 없고, 3분의 2의 확률로 600만 달러를 잃는다'

이처럼 양쪽 프레이밍을 고려하는 것에 의해 편향을 줄이고 좀 더 균형 잡힌 의사결정을 할 수 있을 것이다.

'병렬 평가와 단독 평가',
중고 사전을 고르는 법

같은 정보를 다르게 표기만 해도 인간은 비합리적인 의사결정을 내린다는 것이 프레이밍 효과인데, 한편으로 인간은 비교를 통해 좀 더 나은 결정을 내릴 수도 있다.

중고 사전을 사려고 생각했을 때 두 권의 후보가 있다고 하자.

A는 상태가 양호하고 표지도 손상되지 않았지만 1만 단어 수록.
B는 표지가 일부 찢어졌지만 2만 단어 수록.

당신이라면 어느 것에 얼마를 지불하겠는가?

한 권만 보고 사전의 가격을 정하는 '단독 평가'의 경우, 인간은 표지의 유무 등 겉보기에 파악하기 쉬운 기준에 주목하여 가격을 매긴다. 한 권만 단독으로 보면 '1만 단어 수록'이 대단한 건지, 대단하지 않은 건지 알 수 없기 때문이다.

이 경우 결과적으로 A사전에 높은 가격이 매겨진다. 시카고 대학교 교수의 실험에 따르면 A사전은 B사전보다 20% 이상 비싼 가격이 매겨졌다.

그런데 두 권을 비교하는 '병렬 평가'의 경우 결과는 바뀐다. 비교 대상이 생김으로써 '○만 단어 수록'이 검토하기 쉬워진 것이다. 그 결과 '사전이니까 2만 단어 수록 쪽이 좋겠지.'라는 판단을 내리는 사람이 늘어나고 B사전의 가격이 A보다도 40% 정도 높아졌다.

두 사전을 비교할 수 있느냐 비교할 수 없느냐만으로 가격이 수십 퍼센트나 달라졌다는 것은 정말이지 비합리적이다.

실은 이 '단독 평가'와 '병렬 평가'에 대해서는 이 책을 출판하면서도 경험했다. 표지를 정할 때의 이야기인데, 아직 출판에 문외한인 나는 머릿속에서 '이런 이미지의 표지가 좋아.'라고 생각하고 있었다. 그러나 전문 편집자로부터 "다른 책은 이런 느낌이니까 사가라 씨는 이런 방향으로."라고 적확한 조언을 듣고 '아, 내가 단독 평가를 했구나.'라고 깨달았다.

가만히 생각해보니 독자가 서점에서 책을 살 때는 '재미있어 보이는 책이 정말 많구나. 어떤 책으로 할까?'라고 대체로 병렬 평가가 이루어질 것 같았다. 그래서 독자가 이 책을 다른 책과 비교해봤을 때 어떤 표지로 하면 시선을 끌 수 있을까에 초점을 둬야 한다고 깨달았다. '단독 평가·병렬 평가'라는 행동경제학의 이론을 이해하고 있었기에 빨리 좋은 해결책을 찾았던 것이다.

물론 책뿐만 아니라 신제품을 배포할 때는 반드시 '소비자가 지금 사용하고 있는 상품'과 비교된디ᄂ 깃을 진세토 사격설정이나 프로모션을 한다. 기존 품과 비교해봤을 때 신제품이 얼마나 뛰어난지를 강조해야 한다는 것을 이들 연구로부터도 알 수 있다.

그러나 지금까지의 내 경험에 의하면 대체로 현재의 마케팅 리서치는 소비자를 조사할 때 자사의 상품만 '단독 평가'하는 데 중점을 두고 있다. 하지만 이제는 행동경제학을 응용하여 타사의 상품과 병렬 평가로 조사하는 게 좋지 않을까?

비교되느냐 단독이냐로 평가가 바뀌는 것은 인간을 평가할 때도 마찬가지다. 1996년에 시카고 대학교의 교수인 크리스토퍼 시가 발표한 연구에서는 '당신은 컨설팅 회사의 오너로 KY라는 특수한 컴퓨터 언어를 사용하는 프로그래머를 찾고 있다.'라는 설정으로 피실험자에게 질문했다.

"대졸 신입 사원 후보자가 두 명 있습니다. KY 언어의 경험과 학부 성적의 평점(GPA)은 다음과 같습니다. 누구를 선택하겠습니까?"

후보자 1

경험: 과거 2년간 작성한 KY 프로그램은 10건

GPA: 4.9

후보자 2

경험: 과거 2년간 작성한 KY 프로그램은 70건

GPA: 3.0

후보자 두 명을 비교한 병렬 평가로는 후보자 2에게 제시한 연봉이 6% 높아진다는 결과가 나왔다. 병렬 평가하는 것에 의해 GPA보다도 실제로 업무와 관련성이 있는 KY 프로그램의 작성 건수에 초점을 둔 것이다. 그런데 비교하지 않는 단독평가에서는 후보자 1에게 제시한 연봉이 20% 이상 높아진다는 결과가 나왔다. 이 조사 결과는 소비자에 의한 상품 선택의 의사결정뿐만 아니라 인재 채용 프로세스에서의 채용 여부나 보수 수준의 결정 등 비즈니스상의 의사결정에도 단독·병렬 평가가 영향을 준다는 증거가 된다.

275달러짜리 홈베이커리가 '미끼 효과'로 대박 난 이야기

인간은 무의식중에 비교한다는 이론을 근거로 해서 생긴 이론이 '미끼 효과(Decoy Effect)'다. '아무도 선택하지 않을 것 같은 선택지(미끼)'를 추가하여 '원래 있던 것'을 선택하게 만든다는 이론이다.

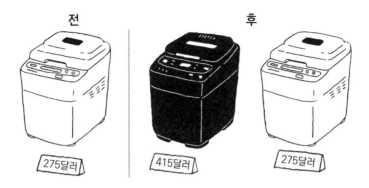

전 · 후

275달러 · 415달러 · 275달러

실제로 미끼 효과의 사례가 있었던 것은 윌리엄 소노마. 커트러리와 접시부터 가전제품까지 고급 주방용품을 취급하는 소매점으로 미국에서는 인기를 끌고 있다.

어느 날 윌리엄 소노마에서는 275달러짜리 홈베이커리(가정용 제빵기계)를 판매하게 되었다. 그러나 사전 시장 조사에서는 "사고 싶다!"라는 목소리가 압도적이었음에도, 팔린 것은 지금 하나뿐.

그래서 과감히 더 비싼 415달러짜리 홈베이커리도 옆에 놓고 판매하기로 했다. 참고로 이 원고를 쓰던 2023년 3월 현재 1달러=1,306원이므로 275달러는 약 35만 9,150원, 415달러는 약 54만 1,990원이다. 한 대에 50만 원이 넘는 홈베이커리는 꽤 비싼 편이다. 윌리엄 소노마는 정말로 팔 마음이 있었던 걸까?

그러나 그 결과 재미있는 현상이 일어났다. 원래 있던 275달러짜리 홈베이커리가 대박이 난 것이다. 무엇 때문일까?

그것은 넛지가 되는 '비교 대상'이 생겼기 때문이다.

275달러짜리 홈베이커리만 있을 때는 275달러가 비싼지 싼지 판단할 수 없다. 270달러가 넘는다는 말에 '빵이면 한 개에 몇 달러로 어디서든 살 수 있는데 굳이 필요할까……?'라고 망설이는 것도 수긍이 된다.

그래서 '미끼'로서 더 비싼 홈베이커리를 일부러 함께 진열한 것이다. 옆에 415달러나 되는 홈베이커리가 나란히 진열되어 있으면 원래 있던 홈베이커리는 싸게 느껴진다.

행동경제학적으로 말하면 뇌는 '비교'에 의해 어떤 사물이나 현상을 인지하기가 쉬워진다. 애플 등도 이 '미끼 효과'를 교묘하게 이용한 판매 방식을 취하고 있다.

애플은 한 종류의 iPhone만을 보여주지 않고 스토리지가 다른 iPhone을 나란히 전시해놓아 타협점을 생각하게 하려는 것처럼 느껴진다.

이 원고를 쓰고 있는 시점에서의 최신 기종은 iPhone14인데, 일본이라면 128GB가 11만 9,800엔, 256GB가 13만 4,800엔, 512GB가 16만 4,800엔으로 되어 있다.

'용량이 가장 적은 128GB로는 부족할지도 몰라. 하지만 512GB는 너무 많아서 다 쓰지도 못할 거야.'

이렇게 생각한 소비자는 무난하게 중간 제품인 256GB를 사려고 하고, 만약 애플이 팔고 싶은 모델이 256GB라면 미끼 효과는 제대로 성공한 셈이 된다.

이러한 예로부터 알 수 있듯이 굳이 쓸데없다고도 생각할 수 있는 비교 대상을 만든다는 것도 중요한 일이다.

오스트리아에서는 99%가
장기 기증에 합의하는 이유

최근에 구글에서 일하는 친구와 만났을 때 요즘 높아지는 '프라이버시'의 문제가 화제가 되었다. 자신의 검색 키워드가 추적되고 그에 따라 추천 광고가 전송되어 온다는 것은 여태까지는 당연한 일로 여겨졌지만, 정보 누설이 걱정되는 지금 문제가 되었다.

그러한 흐름을 읽고 근래 구글뿐만 아니라 모든 사이트나 앱 등에서 프라이버시에 관한 설문을 시행하는 경우가 늘었다.

예를 들어 신문사의 뉴스 사이트에 메일 주소를 등록하려고 하면 '관련된 메일 매거진 B와 C도 읽는다.' '프로모션 정보를 보낸다.'라는 체크박스가 마련되어 있는 것을 본 적이 있을 것이다.

그러한 정보를 주의 깊게 보면 대개는 '읽는다·보낸다' 쪽에 체크 표시가 되어 있다. 이것도 행동경제학으로 생각한, 정말이지 교묘한 전략이다.

왜냐하면 인간은 변경하는 것을 귀찮게 생각하는 생물이기 때문이다. '변경해야 한다.'는 것만으로 보이지 않는 벽과 같은 것이 방해한다. 특히 피곤하거나 바쁘면 뇌는 주의력이 산만해지고, 의사결정을 하지 않는 것을 선택한다. '어느 것이나 좋다'일 때도 마찬가지다.

또 '변경했다가 마음이 바뀌면 어쩌지?'라든가 '도움이 될지도 모르고, 무료니까 그냥 두자.'라고 왠지 그쪽이 좋아지게 되는 경우도 많다.

그러므로 판매자 쪽에서는 상대가 선택해주길 바라는 '읽는다·보낸다' 쪽을 '디폴트'로 해두는 것이다. 그 결과 체크박스에는 표시가 된 채 뜨게 되고 소비자는 매거진이나 프로모션 메일을 대량으로 받게 된다. 행동경제학의 식견을 도입한 회사, 특히 글로벌한 IT 대기업은 디폴트를 바꾸는 것만으로 수억 명에 달하는 사람들의 행동에 영향을 줄 수 있다.

소비자 쪽에서는 이 현상을 알고 디폴트에도 주의를 기울여야 하고, 비즈니스를 하는 쪽에서는 '팔고 싶은 것은 디폴트로 해둔다.'라는 전략을 세울 수 있다.

나와 몇 가지 공동 연구를 함께한 컬럼비아 대학교의 에릭 존슨 교수 등에 의한 '디폴트'와 관련된 흥미로운 장기 기증에 관한 조사가 있다.

"당신이 만약 사고로 사망한다면 장기 기증을 하시겠습니까?"

당신이라면 어떻게 대답할까?

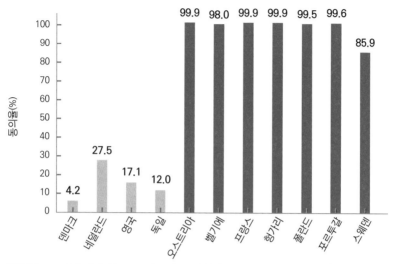

|도표 13| 장기 기증 동의율

출전: Johnson, E. J., & Goldstein, D. (2003). Do defaults save lives?. Science, 302(5649), 1338 —1339.

도표 13은 장기 기증의 동의율을 유럽의 국가별로 비교한 연구다. 오스트리아, 벨기에, 프랑스 등은 거의 전원이 '제공하겠다.'고 동의했고, 반대로 네덜란드는 30% 미만, 영국, 독일은 20%에 미치지 않는 낮은 수치. 덴마크에 이르러서는 제공하겠다는 사람이 4.2%에 불과했다.

모든 국가는 유럽에 있고, 이 차이는 문화나 종교관이 원인은 아니다. 그런데도 왜 이렇게 큰 차이가 나는 걸까? 이유는 단순해서 100%에 가까운 사람들이 장기 기증에 동의한 나라에서는 'NO에 체크하지 않는 한 디폴트로 장기 기증자가 된다.'라고 정해져 있었던 것이다(도

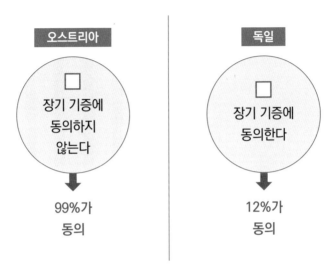

|도표 14| 동의율에 차이가 나는 이유

오스트리아

□
장기 기증에
동의하지
않는다

99%가
동의

독일

□
장기 기증에
동의한다

12%가
동의

표 14). 반대로 장기 기증의 동의율이 낮은 나라에서는 YES에 체크하지 않으면 장기 기증자가 되지 않게 되어 있다.

장기 기증은 매우 판단이 어려운 문제라 사람들은 좀처럼 선택하지 못한다. 그래서 디폴트로 놔두는 것이다.

장기 기증은 특수한 예지만, 다른 것에도 대개는 디폴트가 있고, 설령 설정되어 있지 않아도 사람들의 머릿속에 '이것이 디폴트'라는 기준이 존재한다. '오늘의 런치' '좋아하는 브랜드' '랭킹 1위의 책이나 음악', 이러한 것들이 바로 일상에 숨이 있는 '디폴트'이다. 그래서 소비자도 선택하기 쉬운 것이다.

판매하는 측은 디폴트를 잘 설정하면 '팔고 싶은 것을 팔 수 있는 데다가 소비자에게 만족을 줄 수 있다'는 일거양득이 된다. 왜냐하면 선택 과부하의 상황에 부닥친 사람에게 '고민하지 않고 선택할 수 있다'는 것만으로도 만족도가 올라가기 때문이다.

iPhone7이 저렴해 보이는 것은 '앵커링 효과' 때문이다!

그 외에도 사람들에게 무언가를 제시할 때는 '앵커링 효과'를 의식하면 좋다.

앞의 윌리엄 소노마나 iPhone의 판매 전략은 선택할 것 같지 않은 것을 섞어놓아 의도한 것을 선택하게 만드는 '미끼 효과'라고 말했다.

이와 비슷하나 다른 행동경제학 이론이 '앵커링 효과'다.

예를 들어 '999달러짜리 iPhoneX를 직접 본 후에 549달러짜리 iPhone7을 (비싼데도) 싸게 느끼는' 경우가 그것에 해당한다.

즉, 앵커링 효과란 '처음에 제시된 수치 등이 기준이 되어 그 후에 이

어지는 것에 대한 판단이 비합리적으로 왜곡되는' 이론이다.

스톡홀름 상과대학 오스카 버그만의 실험에서는 피실험자에게 와인을 얼마에 사는지를 묻는 실험을 했다. 그때 "이 와인을 X달러에 사겠습니까?"라고 묻는데, X에는 그 피실험자의 사회보장번호(한국의 주민등록번호) 중 끝에서 두 자리를 기입한 후 질문한다.

즉, 사회보장번호의 끝에서 두 자리가 20인 사람이면 "이 와인을 20달러에 사겠습니까?"라고 묻고 끝에서 두 자리가 95인 사람이라면 "이 와인을 95달러에 사겠습니까?"라고 물었다. 당연히 끝에서 두 자리의 숫자가 큰 사람일수록 고액이 되므로 "사지 않겠습니다."라는 대답이 돌아왔다.

그 후 이 실험에서는 "사지 않겠습니다."라고 대답한 사람에게 "그럼, 얼마라면 사겠습니까?"라고 질문했다. "와인에 95달러나 쓰고 싶지 않다."라고 대답한 사람에게 이 질문을 하자 "70달러라면 사겠다." 등으로 대답했다.

이 조사 결과 끝에서 두 자리의 숫자가 큰 사람일수록 최종적으로 산다고 대답한 가격도 고액의 숫자를 대는 것을 알 수 있다. 단순히 사회보장번호라는, 와인과는 전혀 관계가 없는 랜덤한 숫자인데도 사람들은 처음에 제시된 숫자에 강하게 영향을 받은 것이다.

와인은 가격대의 폭이 넓고, 가격을 알기 어려운 것이어서 행동경제학의 연구에 종종 이용된다. 이 조사에서는 마찬가지로 가격을 알기 어려운 예술 작품에 대해 사회보장번호를 기준으로 "얼마라면 사겠는 가?"라고 물었더니 같은 결과가 나왔다.

반대로 말하면 정통한 상품에 대해서는 앵커링이 일어나지 않는다. 매일 사는 커피의 가격은 '편의점이면 얼마, 스타벅스라면 얼마'라고 명확하게 알고 있으므로 앵커링 효과는 기대할 수 없다는 것이다.

재판 판결이 주사위의 숫자로 결정된다!?

"앵커링 효과는 알겠지만, 난 괜찮다. 그런 영향을 받지 않는다."

행동경제학에 대해 가르치다 보면 이런 반응을 보이는 사람도 있다. 기업의 책임 있는 자리에 있으면서 매일 의사결정을 하고 있으므로 '자신은 낚이거나 하지 않고 합리적이다.'라고 생각하고 있을 것이다. 그러나 아무리 그 방면의 전문가라 해도 앵커링 효과에 의도치 않게 영향을 받는 것이 밝혀졌다.

독일 쾰른 대학교의 바테 잉그리치 등의 연구에서는 재판관들을 대상으로 실험을 했다.

이 실험에서는 우선 피실험자인 재판관들은 '상습 절도범 사건'의 조서를 읽도록 지시받았다.

그 후 아무 관계가 없는 설문 조사의 일부로서 이 재판관들을 두 그룹으로 나눠 주사위를 던지게 했다. 이 주사위에는 장치가 되어 있는데 A그룹이 던지는 주사위는 1과 2만 나오게 되어 있고, B그룹이 던지는 주사위는 3과 6만 나오게 되어 있다. 그리고 그렇게 나온 수의 합을 적어놓게 했다.

마지막으로 처음에 읽은 '상습 절도범 사건'의 범인 형기를 제출하게 했다.

그 결과 A그룹의 재판관들은 1과 2의 숫자에 이끌려 평균 '징역 5개월'이라는 비교적 짧은 형기를 제출했다. 한편 B그룹의 재판관들은 좀 더 큰 숫자인 3과 6의 숫자에 이끌려 평균 '징역 8개월'이라는 좀 더 긴 형기를 제출했다.

이 실험에서도 나중에 주사위의 숫자가 판결에 영향을 미쳤는지를 물었더니 재판관들은 "그런 일은 있을 수 없다."라고 대답했다. 그러나 만약 숫자에 이끌리지 않았다면 형기에 차이가 생기지 않았을 것이다.

공평해야 하는 재판관이 무의식중에 앵커링 효과를 받았다는 점이 실로 흥미로운 실험이다.

좀 더 일상적인 예를 들어보면 앵커링은 부하 직원의 평가에도 영향을 미친다. 예를 들면 입사 3년 차인 직원의 평가 기준은 '자신이 3년

차일 때의 성적'인 경우가 많다는 것이다. 이것이 노를 넘으면 부하 직원의 진짜 장점을 깨닫는 것이 어려워져서 '노력이 부족한 것은 아닐까?'라고 의심에 빠질 수 있다. 특히 실무자로서 성과를 낸 상사일수록 빠지기 쉬운 '함정'이다.

그러나 상사가 입사 3년 차였던 10년 이상 전과 현재의 환경은 많은 부분이 다를지도 모른다. 게다가 어떻게 능력을 발휘하느냐는 사람마다 다르다. 그 부하 직원은 대기만성이어서 입사 5년 차에 성과를 낼지도 모른다. 혹은 '동료를 서포트하는 것이 장점이다.'라거나 '시간을 두고 클라이언트와 신뢰 관계를 쌓는다.'와 같이 간단히 수치화할 수 없는 것일지도 모른다.

'자신도 무의식중에 앵커링 효과를 받을지도 모른다.'라고 불안해졌다면 자신의 앵커를 벗겨내자.

예를 들면 파워포인트로 중요한 1년 예산의 자료를 만들 때, '전에는 1주일이 걸렸다.' '동료는 열흘 만에 만들었다.'와 같이 머릿속에는 자기도 모르게 반드시 앵커가 있다. 그러나 프레젠테이션의 내용이나 목적이 완전히 달랐다면 그 앵커는 맞는 것이 아니다. 그래서 '오늘은 1월 5일이니까 닷새 만에 할 수 있을까?' '나는 7월생이니까 7일이 걸릴까?'와 같이 아무 관계가 없는 숫자를 설정해본다.

납기, 예산 등 큰 규모라도 무작위로 고른 아무 관계가 없는 숫자를 의도적으로 몇 가지 적용함으로써 과거의 앵커로부터 빠져나오기가 쉬워진다.

앵커링 효과는 단점뿐만 아니라 교섭 등에 효과적으로 활용할 수도 있다.

예를 들면 새로운 프로젝트에 800만 원의 예산이 필요한데 상사의 합의를 끌어내야 한다고 하자. 그러나 '800만 원'은 고액이라 각하될지도 모른다.

그래서 처음에는 "1,000만 원이 필요합니다."라고 교섭하여 필요 경비보다 많은 인상을 준다. 이어서 "이것과 이것을 줄이면 800만 원으로도 그럭저럭 해결됩니다."라고 1,000만 원을 앵커링으로 한 교섭을 한다. 이렇게 최종적으로 800만 원의 예산을 확보할 수 있다는 것이다.

컬럼비아 대학교의 애덤 갈린스키 등이 MBA의 학생을 피실험자로 한 실험에서도 흥미로운 결과가 나왔다.

실험에 참가한 노스웨스턴 대학교의 학생들은 '가상의 제조공장'의 양도가격에 대해 교섭을 진행했다. 매수인과 매도인 양쪽을 만들어 교섭한 결과 되도록 비싸게 팔려고 하는 매도인이 처음에 제시한 가격의 경우 합의한 가격의 평균은 260만 달러, 되도록 싸게 사려고 하는 매수인이 처음에 제시한 가격의 경우, 합의한 가격의 평균은 200만 달러가 되어 30%의 차이가 발생했다.

교섭할 때도 처음에 제시된 숫자가 앵커가 되므로 이럴 때는 적극적으로 제시하는 것이 좋다.

상황 이론을 조합한
아마존 무적 전략

지금까지 이야기한 미끼 효과, 앵커링 효과 등 모든 상황을 조합하여 비즈니스를 강화하고 있는 회사는 다방면에 걸쳐 있지만, 특히 눈에 띄는 것이 아마존이다.

우선은 '앵커링 효과'.

아마존은 세일 중인 상품의 가격을 '정가 취소선'과 '할인 가격'의 두 가지로 표시한다. 이것은 정가가 앵커가 되어 할인 가격이 매우 싸게 느껴져서 구매로 이어진다는 전략이다. 실제로 그 가격이 싸게 잘 사는 것이라는 보장이 아닌데도 사람들은 쉽게 낚인다.

다음으로 '미끼 효과'.

아마존에서 물건을 살 때 '비교'를 클릭하면 상품 가격과 배송 조건을 아마존과 다른 소매업자 사이에서 비교할 수 있다. '저가격과 신속 배송'을 모토로 하는 아마존은 대체로 경쟁 회사에 압승한다. 그런데도 왜 타사의 가격과 배송 조건을 굳이 제시하는 걸까? 이것은 아마존의 상품을 좀 더 매력적으로 만들기 위한 '미끼'라고 할 수 있다.

게다가 교묘하게도 '시스템 1'으로 의사결정을 하도록 상황을 만든다는 점이다.

고객은 상품을 선택하고 '장바구니에 넣는다'라는 눈에 띄는 오렌지색 버튼을 클릭하면 '1클릭 주문' 옵션을 활성화할 수 있다. 신용카드나 주소 등 첫 구매에 필요한 데이터를 모두 등록해두면 숙고할 일이 없는 직감적인 '시스템 1'으로 간단히 구매할 수 있다. 나중에 자세히 설명하겠지만, 인간에겐 현금보다 카드 쪽이 낭비하는 경향이 강하다는 '캐시리스 효과'가 있다. '1클릭 주문'이라면 신용카드조차 내지 않고 살 수 있으므로 '자신의 소중한 돈을 쓴다'는 느낌이 더 옅어진다.

또 하나 지적해두고 싶은 것이 '자동 갱신'이다.

일본이라면 월납 500엔의 '아마존 프라임'은 배송료가 무료이거나 일부 전자 서적을 무료로 읽을 수 있는 옵션이다. 한 번 신청하면 만기일까지 고객이 해약하지 않는 한 자동으로 갱신된다. 이것은 많은 구독 서비스가 채용하고 있는 기능으로 타성惰性(이너셔)을 이용한 것이다. 어쩌다 쇼핑하는, 애초에 프라임 서비스가 필요하지 않은 고객으로부터도 회비를 확보하는 효과를 낳고 있다.

'파워 오브 비코즈'가 있기에
부탁하는 이유는 적당하면 된다

인간의 삶에는 '교섭'이 따르게 마련이라 매일 교섭이 거듭되는 것은 비즈니스에 한정된 이야기가 아니다. 부탁할 때 "잠시 이야기 좀." 하고 말을 꺼내는 것만으로도 상대방의 대응은 달라진다. 하버드 대학교의 엘렌 랭거가 1970년대에 실시한 복사기 실험이다.

대학 도서관에서 자료를 찾아 복사하려고 하면 길게 줄이 늘어서 있다. 인터넷이 보급되기 전에는 이것이 당연한 풍경이었다. 내가 대학생이었을 때는 물론 컴퓨터를 사용했지만, 논문이 데이터베이스화되는 과도기였으므로 역시 복사기에 의존하는 일이 무척 많았다.

모두 수십 장이나 되는 복사를 하니까 꽤 많은 시간이 걸리고 '다섯 장만 하면 되는데.'라고 생각하면서 장시간 줄을 서는 것은 피하고 싶다.

이 긴 줄에 조금이라도 비집고 들어갈 방법은 없을까? 랭거는 앞에 줄 서 있는 사람에게 어떻게 말하면 앞에 세워줄지를 실험했다.

1. "미안합니다만, 5페이지만큼 먼저 복사기를 써도 될까요?"(이유가 없다.)
2. "미안합니다만, 5페이지만 복사하면 되는데 먼저 복사기를 써도 될까요?"(일단 이유는 말하지만 '먼저 복사해야 하는 이유'는 말하지 않

는다.)

3. "미안합니다만, 급해서 그러는데 5페이지만큼 먼저 복사기를 써도 될까요?"(먼저 복사해야 하는 이유를 말한다.)

이 세 가지 방법으로 부탁한 결과 앞에 서게 해준 확률은 얼마나 되었을까?

결과는 1이 60%, 2가 93%, 3이 94%의 비율로 "네, 먼저 쓰세요."라는 대답이 돌아왔다. 세 가지로 말을 조금 바꿨을 뿐이고 내용은 거의 같다. 그러나 1에 비해 2와 3이 비집고 들어갈 확률이 훨씬 높았던 것은 거기에 '이유'가 들어가 있었기 때문이다.

이것은 내가 '파워 오브 비코즈(Power of Because)'라 부르는 이론이다. 직역하면 '이유의 힘'. 남에게 뭔가 부탁할 때 '이유'를 덧붙이는 것만으로도 들어줄 가능성이 훌쩍 올라간다는 이론이다.

포인트는 그 이유가 '무엇이든 된다'는 점이다.

예를 들면 앞의 세 가지 질문 방법 중 2는 이유는 말하지만 잘 생각해보면 이유가 되지 않는다. 누구나 복사를 해야 하기 때문에 줄을 서 있는데, '복사를 해야 하기 때문에 먼저 복사기를 써도 될까요?'라고 물은 것은 잘 생각해보면 같은 말이다.

그런데도 60%의 성공률인 이유가 없는 1에 비해 2는 93%로 훌쩍 올라갔다. 게다가 '급해서'라고 합당한 이유를 말한 3의 94%와 거의 결과는 바뀌지 않았다.

이처럼 이유의 내용 자체는 적당해도 된다. 평소 의사결정의 대부분은 시스템 1을 사용하고 있으므로 거기에 어쨌든 이유가 있으면 부탁을 들어줄 마음이 생긴다. 상사나 부하 직원, 클라이언트에게 '어떤 이유를 말하면 이해해줄까?'라고 고민이 깊은 사람이라면 신속하게 결정해버리는 게 '기회비용'의 삭감으로도 연결될 수 있을지 모른다.

물론 이것은 작은 부탁으로 한정된다. 큰 부탁은 확실한 이유를 명확하게 밝혀야 한다.

'자율성 편향'으로
아이에게 설거지를 시키는 방법

지금까지 말해왔듯이 뇌는 다양한 상황에 조종당한다. 그러나 그런데도 인간은 '그럴 리가 없어.' '스스로 주체적으로 정한 거야.'라고 생각하고 싶어 하는 생물이다.

이러한 인간의 '자기 의지로 정했다.'라고 생각하고 싶어 하는 성질을 굳이 이용하는 부탁법도 있다. 예를 들면 아이에게 심부름을 시킬 때 다음 중 어떤 부탁법이 효과적일까?

1. "밥 먹고 나서 설거지를 부탁해."

2. "밥 먹고 나서 설거지는 수세미로 할래? 아니면 물로 헹구고 나서 식기 세척기에 넣을래?"

이미 알고 있듯이 두 번째 부탁법을 상대는 흔쾌히 들어준다.

1의 경우라면 거기에 자신의 의지가 없다. 그러므로 이런 부탁법이라면 반발을 살 가능성이 커지고, 들어줘도 거기에 응어리가 남는다.

그렇지 않고 2처럼 아무렇지 않게 '해주는 것을 전제'로 해버리는 것이다. 그 후에 수세미인지 식기 세척기인지 선택지를 부여한다. 그렇게 하면 부탁받은 아이는 '명령받은 게 아니야. 내 의지로 선택한 거야.'라고 느끼고 적극적으로 행동으로 옮겨준다.

이것에는 행동경제학적으로 정식 명칭이 있는데, 나는 '자율성 편향(Autonomy Bias)'이라 부르고 있고, 인간이 '자신의 의지로 결정했다.'라고 믿고 싶어 하는 성질을 가리킨다.

마찬가지로 부하 직원에게 "바빠서 그러니까 프로젝트 좀 도와줘."라고 말하기보다는 "도움이 필요한데, 서류 수정이나 데스크 리서치 중 어느 걸 부탁하면 되겠나?"라고 부탁하면 상대방은 흔쾌히 도와준다. 또 도와주는 것이 전제이므로 거절하기 어렵다는 장점도 있다.

이것은 상사를 내 편으로 만드는 데도 활용할 수 있다. 미국에서 행동경제학을 배우고, 현재 일본 기업의 인사부에서 근무하고 있는 분이 이런 체험담을 들려주었다. 하고 싶은 프로젝트에 대해 상사에게 "이 프로젝트를 하겠습니다."라고 일방적으로 정보 공유를 한 결과, 자신이 모르는 것을 부하 직원이 멋대로 하고 있다는 불안이나 자신이 부탁받지 않았다는 허무함을 느꼈는지 지원이 원활하지 않았다고 한다. 그래서 그는 자율성 편향을 제대로 활용하여 "이 프로젝트를 하고 싶은데, A와 B 중 어느 쪽이 좋겠습니까?"라고 상담하는 방법으로 바꿨다. 본질적으로는 A든 B든 상관없는 선택지를 마련하여 상사에게 선택할 기회를 주었더니 상사를 둘러싼 주변으로부터의 지원도 받을 수 있게 되었다는 것이다.

이 '자율성 편향'을 이용한 방법은 실제 비즈니스의 현장에서도 도입되고 있다.

예를 들어 가령 내가 은행의 비밀번호를 잊어버렸다면 계좌 인증 절차가 필요하다. 개인 정보 확인과 인증서 확인 등 두 단계의 인증을 거치고 임시 패스워드도 발급해야 하는 등 지난한 과정을 거친다.

이럴 때 아래의 두 가지 다른 말을 들었다면 어느 쪽에 좋은 인상을 받을까?

1. "이 방법으로는 계좌 인증을 할 수 없습니다."
2. "계좌 인증을 하기 위해 당신의 도움이 필요합니다."

당연히 2다. 이유는 지금까지의 예와 같이 1이라면 자신의 의지가 없는 '강제'에 의한 것이지만, 2는 어디까지나 자신의 의지로 계좌 인증 절차를 밟는 것이기 때문이다.

이것에 대해서는 실험도 했는데, "도움이 필요하다."라고 말하느냐 말하지 않느냐로 고객의 평가도 크게 달라졌다. 이 실험 후 고객을 추적 조사했더니 후자 쪽이 고객의 평가는 82%가 높고, 수고도 73%가 적을 것으로 느꼈다는 결과가 나왔다. 이러한 행동경제학적인 효과를 이용하기에 최근 미국에서는 반드시라고 해도 될 정도로 '도움이 필요합니다.'라는 말이 매뉴얼에 들어가 있다고 여겨진다.

'언제'를 바꾸는 것만으로
인간의 판단이 달라진다

아침과 점심 식사 후엔
가석방되기 쉽다

'상황'이 행동에 어떤 영향을 미치는지, 지금까지 다양한 예를 봐왔지만, 실은 인간의 의사결정이 '시간대'에도 강하게 영향을 받는다.

뇌는 푹 자고 난 후에는 회복되지만, 낮 동안 무수한 의사결정으로 인해 밤에는 '결정 장애'를 일으켜서 최적의 판단을 내리지 못한다.

예를 들면 아침에 일어났을 때는 '오늘은 퇴근 후에 헬스장에 가자.'라거나 '퇴근하고 나서 카페에서 자격증 공부를 하자.'라고 계획해도, 실제로 밤이 되면 너무 피곤해서 포기하고 만다. 이런 경험은 없는가? '헬스장에 갈까, 말까?' 하고 머릿속에서 결단을 내리지 못하고 갈등하는 것은 뇌가 피곤해서 의사결정을 할 수 없게 되었기 때문이다.

"중요한 것은 아침에 생각한다."라는 경영진이 많은 것은 당연한 일인데, 시간대라는 '상황'의 영향을 고려하기 때문이다.

'뇌의 의사결정이 시간대에 따라 변하는' 것을 증명하는 예를 들어본다. 이스라엘의 재판소에서 실시한 조사다.

이 조사에서는 같은 교도소에서 '가석방'을 신청한 1,100건의 예를 분석했다. '가석방' 결과가 '시간대'의 영향을 받는지 어떤지 조사했다.

가석방 여부는 재판관의 죄수 심문으로 결정되고, 언제 어느 죄수를 심문할지는 그날 하루 중 무작위로 정해지는데, 관찰 결과 '가석방이 승인되기 쉬운 시간대'가 하루에 세 번 있다는 것이 밝혀졌다(도표 15).

아침 첫 번째 심문에서 65%의 죄수가 가석방을 승인받은 것은 재판관의 뇌도 의욕에 넘치기 때문일 것이다. 그것이 점심때가 가까워짐에 따라 서서히 내려가는 것은 '결정 장애'의 영향이다.

그런데 점심 휴식이 끝나면 다시 가석방 확률이 올라가고, 이내 서서히 내려간다. 그 후 오후 휴식이 끝나면 또 가석방 확률이 올라간다. 가석방률 65%에서 제로를 향해 서서히 하강하는 '세 개의 산'이 만들어진다.

'가석방'이란 과거에 죄를 저지른 사람을 세상에 내보내는 것인데, '갱생하고 있는지, 재범의 가능성은 없는지' 등을 시스템 2로 신중하게 의사결정할 필요가 있다. 그렇기 때문에 아침이나 휴식 후에 뇌가 회복된

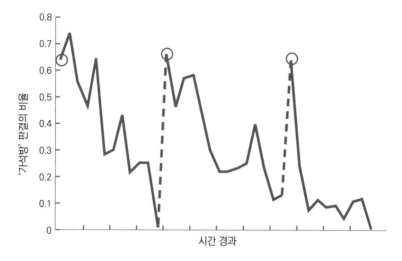

|도표 16| '시간 경과'와 '판결 내용'의 관계

출전: Danziger, S., Levav, J., & Avnaim—Pesso, L. (2011). Extraneous factors in judicial decisions. Proceedings of the National Academy of Sciences, 108(17), 6889—6892.

상황에서 '가석방' 승인이 늘어나는 것이다.

그러나 반복적으로 판결을 내리다 보면 재판관의 판단은 단순화되어 간다. 죄수의 요구를 거부하고, '한동안 더 교도소에 가둔다.'라는 '현상 유지 편향'이 작용한, 리스크가 적은 의사결정을 내릴 것이라고 연구자들은 고찰하고 있다. "피곤할 때는 리스크가 낮은 디폴트를 선택한다."라고도 할 수 있는 조사 결과다.

회복의 중요성은 일상에서도 종종 언급되는데, 그 이면에는 반드시 증거가 있는 것이다. 이것은 '근면=미덕'이라고 생각하는 사람들에겐 특히 주의해야 할 점이다. 하루 중 휴식을 취하는 시간을 반드시 가져야 하는 것은 물론 매일의 과로에도 주의하길 바란다.

시간대에 의한 변화를 근거로 '인터넷 광고의 시간대'를 고려하는 것도 효과적이다.

예를 들면 주택이나 자가용차, 보험과 같은 고액이라 신중하게 생각하고 구매하는 것에 대해 사람들은 시스템 2로 신중하게 음미하므로 뇌에 에너지가 충분한 '아침'이나 '점심 휴식' 후에 송신한다. 반대로 패스트푸드의 신제품이나 충동 구매를 노리는 패션 아이템은 직감적으로 '사고 싶다'고 느끼게 하는 것이 중요하므로 소비자의 뇌가 피곤한 '저녁'부터 '밤'이 좋다고 한다. 밤늦은 시간에 자기도 모르게 인터넷 쇼핑으로 낭비하는 것도 마찬가지일 것이다.

'감정 이입의 간극', 미국에서는 저녁 식사를 아침에 사는 사람이 있는 이유

사람들은 '시간대'의 영향을 과소평가한다. 재판관의 가석방 승인에 대한 연구를 봐도 알 수 있듯이 '피곤해지면 판단에 영향을 미치는구나.'라고는 생각하지 않는다. 사람들은 '좀 전의 다른 상황에 놓여 있는 자신'의 실상을 인식하는 데 서툴고, 매우 낙관적으로 이상상을 머릿속에 그리는 것은 알 수 있다.

예를 들면 아침. 아침 식사를 막 마치고 에너지가 넘칠 때 '오늘 저녁엔 바빠도 건강식을 내 손으로 만들어 먹자.'라고 생각하지만, 실제로 일을 마치고 공복이 되면 자기도 모르게 정크푸드를 사서 집으로 돌아와버린다. 감정에 대해서는 다음 장에서 자세히 말하겠지만, '내일의 자신'을 이상화해버리는 이 상태를 카네기멜런 대학교의 심리학자 조지 뢰벤슈타인은 '감정 이입의 간극(Hot-Cold Empathy Gap)'이라 명명했다.

냉정한 상태(Cold)는 정신적으로도 육체적으로도 안정되어 있고, 흥분 상태(Hot)는 피곤해서 짜증을 내거나 공복으로 갈망감을 느끼곤 한다. 어느 쪽이나 같은 자신인데 냉정한 '지금의 자신'은 흥분한 '미래의 자신'을 사실적으로 생각하지 못한다.

'이따가 배가 고파져도 분명 채소 중심의 요리를 만들 거고, 일하느라 피곤해도 공부를 할 수 있을 거야.'라고 아침에 생각해도 막상 저녁이 되면 의지의 힘으로 통제하는 것은 어려우므로 '자신'을 바꾸는 것이 아니라 '상황'을 관리하는 것이 현명하다.

예를 들면 '중요한 예정'은 가능한 한 아침에 넣고 약속도 잡는다. 혹은 저녁 시간을 의미 있게 보내고 싶은 마음이 꺾일 것 같으면 공부 모임이나 헬스장에 신청하러 '가지 않으면 안 되는 상황'을 만들어둔다.

미국에서는 오전에 저녁밥을 사서 직장의 냉장고에 넣어두는 사람도 있다. 아침이면 '건강을 위해 저녁밥은 잡곡 샐러드로 해결하자.'라고 냉정하게 생각할 수 있으므로 미리 사서 냉장고에 넣어둔다. 퇴근할 때 가지고 귀가하기만 하면 되므로 판단력이 저하되어 있어도 아침에 생각한 대로 저녁 식사를 할 수 있다. '상황'에 자신을 움직이게 한다는 방법이다.

신형 코로나바이러스가 유행하기 전의 연구인데, 인터넷에서의 식료품 주문을 100만 건 이상 조사했더니 '배송 일을 며칠 후로 지정해서 식품을 주문한 사람'은 채소를 중심으로 칼로리가 낮은 상품을 주문했고, '익일 배송을 지정해서 식품을 주문한 사람'은 고칼로리의 건강과는 거리가 먼 상품을 주문한 것을 알 수 있었다.

며칠 후의 식재료를 생각할 때는 냉정하고 또 '미래의 자신'이 이상화되어 있어서 자신에게 '도움이 되는 것'을 장바구니에 넣지만, 직전의 주문일 때는 배가 고파서 흥분해버린다는 것이다.

- 인간은 '스스로 주체적으로 의사결정을 하고 있다.'고 생각하고 싶어 하지만 실은 주변의 상황에 의해 '결정을 내리는' 경우가 많다. 날씨의 좋고 나쁨이나 주변에 사람이 있느냐 없느냐, 물건이나 사람의 위치나 순서 등, 정말이지 아무 관계가 없을 것이라고 생각하는 것이 우리의 판단에 큰 영향을 미치고 있다.

- 우리의 판단에 영향을 주는 '상황'에는 '정보량'도 포함된다. 특히 지금은 정보 과잉의 시대이기 때문에 판단이 왜곡되어버리는 경우가 많다. '정보 과부하'에 빠지지 않기 위해, 그리고 사람들을 '정보 과부하'에 빠뜨리지 않기 위한 궁리가 필요하다.

- '정보량'과 관련하여 '선택지'도 인간의 판단에 영향을 미친다. 어느 정도의 선택지를 어떻게 제시하느냐를 생각하는 것은 매우 중요하다.

- '프라이밍 효과' '미끼 효과' '병렬 평가와 단독 평가' 등 '무엇'을 '어떻게' 제시하거나 바꾸는 것만으로 사람들을 움직이게 할 수 있는 이론이 다수 있다.

- 또 시간대도 의사결정에 영향을 준다. '감정 이입의 간극'을 의식하는 것만으로도 결과를 바꿀 수 있다.

제**3**장

감정

그때의 '감정'이
인간의 의사결정에 영향을 준다

지금까지 인간의 의사결정에 영향을 미치는 요소로 '인지의 버릇'과 '상황'에 관한 이론을 소개했다. 제3장에서는 세 가지 요소 중 마지막인 '감정'에 대해 배워보자.

종래의 경제학에서는 인간을 합리적인 존재라고 생각하기 때문에 감정 등의 영향은 고려되지 않았다. 그러나 실제로 인간은 좋든 나쁘든 감정에 의해 행동이 바뀌고, 행동이 바뀐다는 것은 그 직전의 의사결정이 바뀌었다는 말이다. '긍정적인 감정의 영향으로 이렇게 행동했다.' '부정적인 감정의 영향으로 이렇게 행동했다.'라는 것은 우리에게 실로 당연한 것처럼 여겨지지만, 실은 '의사결정이 감정에 의해 좌우된다'는 시점에서 매우 '비합리적'인 것이다.

'인지의 버릇'이나 '상황'은 늘 붙어 다니는 것이지만 '감정'은 평온할 때면 의사결정에 미치는 영향이 작아진다. 그러나 '감정'이 고조되었을 때라면 의사결정에 미치는 영향의 정도는 가장 높아진다.

여러분도 일하다가 발끈해서 화를 낸 일로 인간관계가 깨진 경험을 한 적이 있지 않은가? 그때의 자신은 도저히 멈출 수가 없었다.

그러나 여기서 내가 하고 싶은 말은 감정이 인간의 의사결정에 미치는 영향은 더 폭이 넓다는 것이다. '그럴 리가 없어.'라고 생각할 법한 의외의 일이 우리의 의사결정에 영향을 미치는 것이다.

그것을 나타내는 재미있는 연구가 있다. 런던 경영대학원의 교수 알렉스 에드먼즈 등은 40개 국가를 대상으로 사람들이 스포티파이에서 듣고 있는 음악의 과거 4년분의 데이터를 수집했다. 그것들을 AI로 긍정적인 음악과 부정적인 음악으로 나누어서 같은 기간 각국의 주가 변동과의 관계를 분석했다.

그러자 긍정적인 음악을 듣는 사람이 많을 때 각국의 주가도 상승했다는 결과가 나왔다.

에드먼즈 등은 최초로 미국에서 이 조사 결과가 나왔을 때 "이것은 미국만의 일이지 않을까?"라고 자신들의 조사 결과를 의심했지만 다른 39개국에서도 같은 결과가 나왔다.

설마 음악이 긍정적인지 부정적인지가 주식시장에까지 관계가 있을 줄이야.

이번 장에서는 이처럼 어렴풋한 감정이 우리의 판단에 영향을 주는 것을 나타내는 이론을 중심으로 배워본다.

실제로 제3장에 들어가기 전에 우선은 제3장의 전체적인 개요를 짚어본다. 제3장은 아래와 같이 여섯 개의 절로 나뉘어 있다.

1. 도대체 '감정'이란 무엇인가?

우리는 '감정'이라 하면 '희로애락'과 같은 확실한 감정을 상상한다. 그러나 감정이라는 것은 확실한 것만 있는 것이 아니다.

좋아하는 음식을 눈앞에 두었을 때의 그 사소한 고양감. 이러한 '희로애락'이라고까지는 말하기 어려운 '어렴풋한 감정'도 느끼는 것이 인간이라는 존재다. 게다가 실제로는 확실한 감정보다도 이 어렴풋한 감정이 사람을 움직이곤 한다.

제1절에서는 제3장의 가장 기본이 되는 어렴풋한 감정인 '어펙트 (Affect)'에 대해 해설한다.

2. '긍정적인 감정'은 인간의 판단에 어떻게 영향을 미칠까?

어펙트 중에는 긍정적인 것과 부정적인 것이 있다. 제2절에서는 긍정적인 어펙트가 인간의 판단에 어떻게 영향을 미치는지, 다양한 이론을 소개한다.

3. '부정적인 감정'은 인간의 판단에 어떻게 영향을 미칠까?

제3절에서는 부정적인 어펙트가 인간의 판단에 어떻게 영향을 미치는지, 다양한 이론을 소개한다.

4. 감정이 '돈 사용법'에도 영향을 준다

그때의 '감정'과 '(우리의) 돈 사용법'에는 밀접한 관계가 있다. 예를 들면 현금과 카드 중 어느 것을 사용하느냐로 지출에 대한 감정은 변하고, 영향도 달라진다. 그 비합리성을 이해하면 왜 경제가 감정으로 움직이는지 보이게 된다.

5. '통제감'도 인간의 판단에 영향을 준다

지금까지도 말해왔듯이 인간은 '스스로 의사결정을 하고 있다.'라고 생각하고 싶어 하는 생물이다. 이 '스스로 자신의 행동을 통제하고 있는 감각'이 결여되면 부정적인 어펙트로 연결되고, 그 부정적인 어펙트가 비합리적인 의사결정으로 이어진다.

그런 의미에서 '통제감'은 간접적으로 인간의 비합리적인 의사결정에 영향을 주고 있다.

이 '통제감'이 우리의 의사결정에 주는 영향에 대해 살펴본다.

6. '불확실성'도 인간의 판단에 영향을 준다

'불확실성(Uncertainty)'도 행동경제학에서는 중대한 소재다. 인간은 선천적으로 '불확실한 것'을 싫어하고, 그 애매함에 의해 부정적인 감정이 생기고, 그 부정적인 감정이 비합리적인 의사결정을 낳는다. 제6절에서는 '불확실성'이 어떻게 의사결정에 영향을 주는지, 그 이론을 살펴본다.

그럼, 여기서 '감정'과 관련된 퀴즈를 풀어보자.

당신이 다음 주에 런던으로 날아갈 예정이라고 하자. 보험에
가입하라는 권유를 받았다면 A와 B의 보험 각각에 얼마까
지 지불하겠는가?

- **A보험**: '어떤 이유로' 사망하든 보험금이 나온다
- **B보험**: 테러로 사망한 경우에 보험금이 나온다

도대체 '감정'이란 무엇인가?

자, 퀴즈 결과는 어땠을까? 이것은 과거에 공동 연구를 함께한 에릭 존슨 등에 의해 실제로 이루어진 행동경제학 실험이다.

그룹 A에는 A보험을 권하고, 그룹 B에는 B보험을 권한 뒤 각각 얼마나 지불할지 물었다. 그러자 그룹 A는 "12달러라면 낸다."라고 대답했고, 그룹 B는 '14달러'라고 대답했다. 즉, B보험 쪽이 15% 정도 비싸도 된다는 판단이었던 것이다.

그러나 잘 생각해보면 테러 사건에 휘말릴 일보다도 비행기 고장이나 악천후를 만날 확률이 훨씬 높고, 애초에 'A'는 '어떤 이유가 있어도' 보장되기 때문에 그중에 '테러 행위'도 포함된다. 합리적으로 생각하면 'A'에 좀 더 많은 돈을 지불해야 한다.

그런데도 B에 높은 가격이 매겨진 것은 '테러 행위'라는 말이 선명하게 의식되어 인간의 감정을 움직였기 때문이다(일본은 안전해서 바로

와 닿지 않는 사람도 있을지 모르지만, 미국이나 해외에서는 '테러 행위'에 좀 더 공포를 느끼는 사람이 많다. 일본인이라면 '대지진'이라는 말에 감정이 움직이는 사람도 있지 않은가).

이처럼 '감정'은 인간에게 비합리적인 판단을 내리게 한다. 우선은 '감정'의 기본이 되는 '어펙트'부터 살펴보자.

희로애락보다
'어렴풋한 감정'이 인간의 판단에 영향을 준다

제3장의 개요에서도 설명했듯이 행동경제학에서 말하는 '감정'에는 여러분이 상상하는 '희로애락'과 어렴풋한 감정인 어펙트가 있다. '희로애락'과 같은 '확실한 감정'을 행동경제학에서는 '디스크리트 이모션(Discrete Emotion)'이라 한다.

그러나 사업에 크게 성공했다, 실연했다, 친구가 죽었다, 생각할 수 없을 정도로 무례한 일을 당했다와 같이 큰일을 겪고 솟아오르는 것만이 '감정'은 아니다. 사실 우리는 '희로애락'만큼 확실하지 않은 '어렴풋한 감정'을 빈번하게 느낀다.

예를 들면 햄버거를 좋아하는 사람이 메가버거를 눈앞에 두면 '오

예!' 하고 약간 기분이 좋아진다. 담배를 싫어하는 사람은 '담배'라는 말만 들어도 조금 불쾌해진다. 이처럼 정말 순간적으로 스쳐 지나가는 미묘한 감정을 행동경제학에서는 '어펙트'라 부르고 '이모션'과는 분리해서 생각한다.

왜냐하면 인간은 빈번하게 '확실한 감정'을 느끼는 것이 아니라 오히려 매일매일의 생활 속에서 '어렴풋한 감정'을 느끼는 기회가 많기 때문이다. 그러므로 감정이 의사결정에 주는 영향을 생각할 때는 영향을 주는 빈도가 좀 더 높은 '어펙트'를 이해할 필요가 있는 것이다.

참고로 이 어펙트로 움직이게 되어 비합리적이 될 수 있는 것을 나의 은사인 오리건 대학교의 의사결정 심리학자 폴 슬로빅 등은 '어펙트 휴리스틱(Affect Heuristic)'이라 이름 지었다. 자신이 느끼는 어펙트를 '인지의 지름길'의 기준으로 사용하는 휴리스틱이라는 것이다.

카너먼에 의하면 '과거 수십 년간의 휴리스틱 연구에 있어서 필시 가장 중요한 발전'이라고 한다. 노벨상을 받은 카너먼의 말만으로도 무게가 있다.

어펙트는 비합리적인 의사결정의 원인이 될 수 있지만, 인간에게 필요하기에 갖춰져 있다는 측면도 있다. 우리는 매일 무수한 판단에 내몰리는데 그것들을 모두 숙고한다면 도저히 대응할 수 없다. 그러나 이 어렴풋한 감정을 느끼는 것에 의해 어펙트를 '인지의 지름길'의 기준으로 사용하여 순식간에 행동으로 옮길 수 있는 것이다.

마찬가지로 부정적인 어펙트도 필요하기에 갖춰진 것이다. 이 어펙트가 있음으로써 여러 가지 일을 시간이 걸리지 않고 단시간에 효율적으로 결정할 수 있다. 그러나 자동적 혹은 무의식적인 의사결정에 영향을 주므로 반대로 말하면 비합리적이 되어버릴 수도 있다.

그럼, 이 '어펙트'가 얼마나 비합리적인 의사결정을 낳을까? 실험 하나를 소개한다.

캘리포니아 대학교 샌디에이고 캠퍼스의 피오트르 윙킬맨의 실험에서는 피실험자에게 100분의 1초간 '웃고 있는 사람의 얼굴' '화내고 있는 사람의 얼굴' '(사람과는 관계가 없는) 도형'의 사진을 보여주고 각각의 사진을 본 직후에 피실험자는 읽을 수 없는 쐐기문자(메소포타미아 문명에서 사용한 고대문자)를 2초씩 잇따라 보여준다. 100분의 1초는 너무 짧아서 피실험자는 사진을 본 것을 인지하지 못하고 '여러 문자(쐐기문자)를 보았다.'라고만 생각한다.

그 후 피실험자에게 각각의 문자에 대해 어떻게 생각하는지 물었더니 웃는 얼굴 사진을 본 직후에 본 문자에 대해서 '좋다'고 좋은 인상을 가진 피실험자가 많은 것이 밝혀졌다.

모국어였다면 '문자'에 대해 어느 정도의 인상을 갖고 있는 것이 보통이다. 그러나 보여준 것은 피실험자가 전혀 본 적이 없는 고대문자. 본래 같으면 아무 인상도 가질 리가 없다. 게다가 '사람의 표정'과 '문자'는 아무 관계가 없다.

그러나 그래도 인간이 판단에 영향을 미치는 것이 '어펙트'의 힘이다. 사람의 웃는 얼굴을 본 찰나의 순간에 마음속에 떠오르는 어렴풋한 감정(어펙트)이 아무 관계도 없고 의미도 모르는 문자를 잠재적으로 '좋다'고까지 말하게 했다. 이처럼 비합리적인 것도 없다.

어펙트는 잠재의식에 작용하기에 깨닫기가 어렵지만 매우 큰 영향이 있다는 것을 알 수 있다.

이번 장에서는 어펙트 휴리스틱도 포함하여 포괄적인 의미에서의 어펙트에 대해 설명하고자 한다.

인간이 지닌
'어펙트'를 이해하자

어펙트는 다양한 장면에서 의사결정에 영향을 미치고 있다.

예를 들면 최근 연이어서 실용화되고 있는 것이 AI의 활용이다. 지난 수년간 클라이언트로부터도 AI와 관련된 요청이 늘어났다. AI와 같은 자신이 체험한 적이 없는 미지의 기술을 인간은 어떻게 인식하느냐는 문제에 대해서도 어펙트의 사고방식이 도움이 될 것이다.

그중에서도 화제가 되고 있는 '자율주행 자동차는 안전할까?'라는 질문에 대해 응답자 대부분은 '자율주행'의 지식에 근거하여 안전성을 검증하고 'YES와 NO'를 정한 것은 아니다. 자율주행에 대해 그냥 호의적이면 YES, 조금 의심스러우면 NO. 즉 판단 기준은 '사고'가 아니라 '감정'이다. 게다가 정말로 어렴풋한 감정, 즉 '어펙트'이다.

그래서 사람을 움직이고 싶다면 합리적인 '최신 기술이 어떻다' '스펙이 어떻다'와 같은 것을 제시할 뿐만 아니라 '어펙트'에 호소할 필요가 있는 것이다.

예를 들면 인간에게 무언가를 받아들이게 하고 싶다면 상대의 '어펙트'가 어떤 것인지를 의식하고 이해하는 것이 중요하다.

"우리 회사의 자율주행차의 안전성은 이 데이터로부터 증명되고 있습니다."라고 합리적인 자료를 제시할 뿐만 아니라 상대의 자율주행차에 대한 어펙트는 긍정적인지 부정적인지, 그것을 알고 접근해야 효과적이다.

'위험해 보여, 아직은 무리야, 큰일 날 것 같아.'라는 막연한 부정적인 어펙트가 결정의 근거가 되기 때문에 얼핏 관계가 없어 보여도 어펙트를 유인하는 듯한 언동은 피하는 게 좋을 것이다.

색에도 어펙트를 환기하는 효과가 있다. 만약 내 클라이언트가 자율주행차를 판매한다면 "빨간색 차체는 피하는 게 좋다."라고 조언할 생각이다. '빨간색=위험, 리스크'라는 생각이 사람들의 무의식 속에 있기 때문이다. 그보다도 깨끗한 이미지를 상기시키는 하얀색이 바람직

길 깃이나. 미국에서 자율수행의 쌍노는 테슬라인데 하얀색 차체를 많이 볼 수 있는 것은 행동경제학적으로 이해가 간다.

또 합리적 판단이 요구되는 직업에서도 항상 '어펙트'가 의사결정에 영향을 주고 있다는 것을 나타내는 실험이 있다. 정신과 의사를 모아 'A환자의 퇴원 여부'를 결정하게 하는 실험이다.

그러나 그냥 단순히 정하게 하는 것이 아니라 의사들을 두 그룹으로 나누어 각각에 아래의 다른 표현으로 질문을 했다.

그룹 1에 대한 질문
"지금까지의 데이터를 보면 A씨와 같은 증상의 환자 100명 중 20명이 타인에게 폭력을 행사했다고 추정된다."

그룹 2에 대한 질문
"지금까지의 데이터를 보면 A씨와 같은 증상의 환자 중 20%가 타인에게 폭력을 행사했다고 추정된다."

자세히 보면 두 질문은 표현이 다를 뿐 내용은 똑같다. 그러나 의사들의 판단에는 확실한 차이가 생겼다.

'100명 중 20명'이라고 들은 그룹 1의 의사들은 41%가 퇴원을 거부했다. 한편, '20%'라고 들은 그룹 2의 의사 중 퇴원을 거부한 것은 약 절반인 21%였다. '20%의 환자'라고 비율로 들으면 그 이미지가 바로 연상되지 않지만, '20명'이라고 구체적인 숫자가 '실제로 폭력을 행사하는 사람의 이미지'를 환기시켜서 의사들에게 부정적인 '어펙트'를 불러일으킨 것이다.

만약 인간이 합리적인 존재라면 표현이 바뀐 것만으로 의사결정이 달라지는 일 따윈 없다. 그러나 이 예에서도 알 수 있듯이 프레이밍에 의한 이 부정적인 어펙트가 의사들의 판단을 비합리적으로 바꿔버렸다.

데이터에 근거한 냉정한 판단이 훈련되었을 의사도 '어펙트'로 움직이는 것을 보면 일반 비즈니스맨은 더욱 주의가 필요하다.

또 어펙트가 어떻게 남을 돕는 행위에 영향을 주는지에 대한 연구도 있다. 우리는 도움을 구하는 상대나 상황에 대한 마음이 강할수록 도와주고 싶다고 생각하기 때문이다. 여기까지는 납득한 결과라고 생각한다.

그러나 내가 대학원 시절에 슬로빅 등이 실시한 어펙트 연구에서는 아래의 그룹을 비교한 조사로 이것이 프라이밍에 의해서도 일어나는 것을 나타냈다.

피실험자는 세 그룹으로 나뉘었다.

- 그룹 1(어펙트 프라이밍): 특정한 사람이나 사물에 대한 기분을 쓴다
- 그룹 2(애널리티컬 프라이밍): 간단한 계산을 한다
- 그룹 3: 특별한 제시가 없다

실험 결과에 의하면 어펙트 프라이밍을 받은 그룹 1은 그룹 3에 비해 20% 정도 많이 프라이밍과 아무 관계가 없는 사람을 도와주는 경향이 있었다.

즉, 남에게 도움을 청할 때는 "오늘 컨디션은 어때?" "날씨가 화창해서 기분이 좋지?"와 같은 어펙트에 관한 대화를 나눈 후에 하는 것이 부탁을 들어줄 가능성이 크다. 반대로 결산이나 데이터 해석 등 한창 애널리티컬(분석적)한 일을 하는 와중에 부탁하면 들어줄 가능성은 적을 것이다.

또 부탁을 받은 사람은 '도와주지 않으면 후회할 것 같다'고 느끼는 것을 피하려고 부탁을 들어준다. 또는 고민하고 있는 사람을 도와주는 것에 의해 느껴지는 긍정적인 어펙트를 위해 도와준다는 결과가 나왔다.

특히 공감하거나 동정할 수 있는 상대에게는 그저 최소한의 도움을 들어줄 뿐만 아니라 좀 더 많은 도움을 주는 경향이 있다.

안토니오 다마지오와
'감정의 마커'

그럼, 이 '어펙트'는 어떻게 해서 생긴 걸까?

저명한 신경학자인 안토니오 다마지오는 뇌의 어떤 부분이 의식이나 감정을 관장하는지 추적 연구하는 와중에 '뇌는 경험에 의해 분류된다.'라고 생각했다.

예를 들어 개를 보면 무심코 미소를 짓는 사람은 어렸을 때 개와 놀며 즐거웠던 경험이 있고, 그래서 뇌에 '긍정적인 감정의 마커(Marker)'가 그려진다. 반대로 개를 보기만 해도 경계심을 품는 사람은 "개는 물지도 몰라."라고 어머니에게 반복해서 들으며 자랐기 때문에 뇌의 그 부분에 '부정적인 감정의 마커'가 그려진다.

그 사람이 그때까지의 인생에서 축적한 어렴풋한 감정의 마커가 그 사람의 '어펙트'를 만드는 것이다.

나는 어펙트가 어떤 것인지 설명할 때 커피, 햄버거, 귀여운 동물, 또는 파충류나 거미 등의 사진을 보여주고 '어떻게 느끼는지'를 체험하게 한다. 크게 기뻐하지도 않고 눈물을 흘리는 것도 아닌 '어렴풋한 감정'인 어펙트는 순식간에 경험할 수 있고, 그것이 긍정적인지 부정적인지를 바로 알 수 있다.

미미한 어펙트라도 의사결정을 상당히 좌우하므로 스스로도 평소 일과 관련된 단어를 떠올리며 시험해보길 바란다. 긍정적이라면 의욕이 생겨서 빨리 착수힐 수 있을 깃이나.

한편, 부정적이라면 우울한 기분이 들어서 가능한 한 뒤로 미루려고 할 것이다. 이처럼 어펙트가 의사결정에 작용하여 실제 행동에까지 영향을 미치는 것을 실감할 수 있다고 생각한다.

어펙트는 인터넷상에서도
전염되었다!

같이 있는 사람이 즐거워 보인다고 자신도 즐거워지고, 슬퍼 보인다고 슬퍼진다. 따라 웃거나, 덩달아 울기도 한다. 이러한 감각은 경험치로서 이해할 수 있다고 생각한다.

그러나 어펙트가 의사결정에 영향을 주는 것은 현실의 장에서만이 아니다. 감정은 인터넷상에서도 당신에게 큰 영향을 미친다.

이 실험을 한 것은 메타의 소프트웨어 엔지니어인 애덤 크레이머이다. 크레이머는 페이스북의 유저 68만 9,000명을 대상으로 뉴스피드에 게시되는 글이 감정에 얼마나 영향을 주는지를 조사했다. 우선 유저를 세 개의 그룹으로 나누고 타임라인에 올라오는 친구들의 글을 조작했다.

- 그룹 1의 타임라인: 친구들의 '긍정적인 글'이 게시되지 않도록 조작
- 그룹 2의 타임라인: 친구들의 '부정적인 글'이 게시되지 않도록 조작
- 그룹 3의 타임라인: 아무것도 조작하지 않는다

그러자 이것들을 본 유저의 행동에 명확한 차이가 나타났다.

그룹 1의 타임라인에는 긍정적인 글이 없어지고, 부정적인 글이 눈에 띄게 되었기 때문에 그것을 본 유저 자신도 부정적인 글을 올리는 것이 증가했다.

한편, 그룹 2의 타임라인에는 부정적인 글이 없어지고 긍정적인 글이 눈에 띄게 되었기 때문에 그것을 본 유저 자신도 긍정적인 글을 올리는 것이 증가했다.

페이스북상에서 친구가 나타낸 감정이 자신의 감정에 영향을 미친다……. 즉, SNS를 통해 대규모의 '감정 전염'이 일어난다고 증명되며 큰 화제가 되었다.

표정이나 행위, 목소리의 톤과 같은 비언어적인 주고받음이 없어도 감정은 전해진다. "지금, 마음에 드는 카페에 와 있어요."라는 타인의 긍정적인 글을 보는 것만으로도 그것이 자신을 긍정적으로 만든다. 그만큼 감정은 '전염되기 쉬운' 것이다.

또 나중에 자세히 설명하겠지만 감정은 업무 효율에도 영향을 주고, 상사라면 부하 직원이나 팀원들의 퍼포먼스에도 영향을 준다. 화를 내거나 불쾌한 표정을 보이는 것은 말할 필요도 없고 약간의 조바심도 전해지므로 좀 더 주의해야 한다.

자신의 감정을 정확하게 이해하고 관리하며 '어떻게 표현할까·표현하지 않을까'를 시스템 2로 결정하는 것도 중요한 업무 중 하나라 할 수 있다.

'긍정적인 감정'은
인간의 판단에 어떻게 영향을 미칠까?

앞 절에서는 제3장의 가장 기본이 되는 '어펙트'에 대해 배웠다.

이 어펙트에는 '긍정적인 어펙트'와 '부정적인 어펙트'가 있다고 소개했는데 이번 제2절에서는 그중 '긍정적인 어펙트'에 주목하여 다양한 이론을 살펴보고자 한다.

'확장―구축 이론',
긍정적인 어펙트는 이 정도로 실적을 올린다

우선 긍정적인 어펙트의 긍정적인 영향에 대해 살펴본다.

긍정적인 감정은 앞으로의 삶이 점점 행복해지는 상승 스파이럴의 방아쇠가 된다. 이것은 이상론이 아니라 노스캐롤라이나 대학교의 심리학자 바버라 프레드릭슨이 처음 발표한 '확장−구축 이론(Broaden and Build Theory)'이라는 연구 논문으로 현재까지 2만 건 이상 인용되고 있다. 기본적으로 긍정적인 감정은 시야나 사고의 폭을 넓히고, 스트레스에 의한 신체와 마음의 컨디션 난조를 다스려준다. 그뿐만 아니라 맷집이 단단해지고, 레질리언스(정신적인 회복력)도 갖춰진다. 능력·활력·의욕이 올라가고 인맥이나 활동 범위가 넓어진다.

즉, 긍정적인 감정은 업무의 효율은 물론 질도 높여주고, 심신의 스트레스를 경감시켜주기도 한다.

개개인에게 미치는 영향도 그렇지만, 그 성과가 쌓여 기업이나 경제적인 수준에서 차이가 생긴다고 생각하면 결코 가볍게 볼 수 있는 것이 아니다.

그러나 애초에 '감정에 의해 변한다.'라는 시점을 전통적인 경제학에서 보면 실은 매우 비합리적인 것이리라. 이 '감정'에 의한 경제에 미치는 영향을 간과하기 때문에 기존의 경제학으로는 실제 경제(비즈니스)를 이해할 수 없었던 것이다.

어펙트는 어렴풋하고 미미한 감정이므로 많은 사람은 의식하지 못한다. 그러나 행동경제학을 이해하고 있는 내 주변의 비즈니스 엘리트들은 자신과 타인의 어펙트에 민감하고, 그것을 의도적 혹은 효과적으로 활용하고 있다. 소위 '메타 인지'가 그것인데 자신의 감정을 자각하고 객관적으로 인식하기 때문에 가능한 것이다.

즐거웠던 가족여행 사진을 사무실 책상 위에 놓는다, 쓱쓱 잘 써지는 고급 펜으로 계약서에 사인한다……. 좋은 이미지가 떠올라 기분이 좋아지고, 창의성이 높아진다. 혹은 스트레스가 많은 회의 후, 따뜻한 차를 마시며 마음을 가라앉힌다. 모두 '바로 할 수 있는 긍정적인 어펙트의 활용법'이다.

어펙트는 어렴풋한 감정이라 바로 사라지지만, 반대로 말하면 바로 생길 수 있다. 강한 감정(이모션)이라면 즐기기 위해 크게 성공해야 하지만, 어렴풋한 감정(어펙트)이면 애호하는 커피를 마시는 것만으로도 불쑥 나타난다. 즉, 활용하기 쉽다고 할 수 있다.

그뿐만이 아니라 '좀 더 현실적으로 비즈니스에 도움이 되는 감정'으로서, 또 '실제로 경제를 움직이고 있는 감정의 정체'로서, 나는 전부터 긍정적인 어펙트에 주목하며 박사 과정의 졸업논문도 포함해서 연구해왔다.

미국에서는 지금 그레이트 레지그네이션(대량 이직)이 일어나고 있는데 '행복하지 않으면 그만둔다.'라는 생각이 널리 퍼진 탓이다. 포스트 코로나로 업무 방식이나 가치관이 변했고, '사직'까지는 가지 않더라도 일에만 온전히 전념하는 시대는 아니게 되었다. 그렇기에 비즈니스 엘리트에게는 긍정적인 어펙트를 비즈니스에 활용할 책임이 있는 것이다.

왜냐하면 우수한 사람에게는 부하 직원이 있고, 부하 직원이 어떻게 일하는지는 상사에게 달려 있기 때문이다. 팀의 관리 책임이 있는 상사인 이상 부하 직원을 포함해 주변 사람이 즐겁게 일할 수 있도록 만드는 것이 중요한 임무다.

"부하 직원이 성과를 낼 수 있느냐의 여부는 상사의 책임."
"즐겁게 할 수 있는 일이 아니면 잘할 수 없다."

이것은 내 철학이자 말버릇이기도 하다. 물론 책임이 있는 일을 하는 사회인이라면 100% 항상 즐거운 일만 할 수 있는 것은 아니리라. 그러나 종합적으로 봐서 '즐거운 일'이라고 생각할 수 없으면 성과는 올라가지 않는다.

그렇기에 부하 직원의 어펙트에는 항상 주의를 기울이며 앞에서 말했듯이 선택을 맡기거나 권한을 부여하거나 하고 싶어 하는 것을 하게 해주려고 한다.

왜냐하면 '상사에게 신뢰를 받고 있다, 일을 맡겨준다.'라고 느낀 부하 직원은 긍정적인 어펙트가 높아지고 자기 긍정감도 올라가기 때문이다. 그러면 주의력, 사고력이 높아지고, 책임감이 강해지고, 무엇보다도 가장 기쁜 것은 부하 직원이 성장한다.

업무의 질이 높아지면 실적도 자연스럽게 올라간다. 긍정적인 어펙트를 적극적으로 도입하는 것은 업무의 일부, 아니, 중요한 업무 그 자체다.

태블릿을 사용하면 '심리적 소유감'으로 과소비가 될지도 모른다

실제로는 소유하고 있지 않아도 '자기 것'으로 생각하면 행동이 바뀌게 되는 '심리적 소유감(Psychological Ownership)'도 긍정적인 어펙트와 중요한 관계가 있다.

예를 들어 종업원은 오너도 대주주도 아니므로 회사의 소유자가 아니다. 그래도 '여기는 내가 있어야 할 회사다, 이건 내가 하고 싶은 일이다.'라는 심리적 소유감을 가지면 업무에 대한 긍정적인 어펙트가 높아져서 열심히 일한다는 것이 밝혀졌다. 또 하버드 대학 경영대학원의 프란체스카 지노 등의 조사에 의하면 회사에 대한 심리적 소유감이 높은 종업원은 그렇지 않은 종업원보다 30% 정도 더 많은 사람이 먼저 나서서 할 일을 찾는다는 결과가 나왔다.

자신의 역할이나 자리가 확보된 것처럼 느끼고, 조직의 일원인 것에 자존감을 느끼게 되며 업무의 만족도도 올라간다. 또 동료를 지원하는 일에도 적극적으로 나서게 되므로 성과가 나오는 것이 이상하지 않다.

심리적 소유감과 관련된 이론으로 '보유 효과(Endowment Effect)'가 있다.

인터넷 옥션이 미국에서도 인기인데, 여러분도 자기 물건을 팔려고 할 때 무심코 가격을 높게 책정한 경험이 있지 않은가? 이것이 '설령 타인에겐 가치가 없어도 자신에겐 가치가 있다.'라고 생각하는 보유 효과다.

보유 효과와 관련하여 최근에 재미있는 사실을 알게 되었다.

피실험자를 두 그룹으로 나누고 그룹 A에는 iPad와 같은 터치패널로, 그룹 B에는 PC로 스웨터나 시내 관광 상품권 등의 온라인 쇼핑을 하게 했다. 그 상품들을 구매하는 데 얼마까지 지불할지 물은 후, "다른 사람이 당신이 먼저 산 상품이 필요하다고 합니다. 당신은 얼마라면 팔아도 됩니까?"라는 질문을 했다.

그 결과 팔아도 되는 가격은 시내 관광 상품권에는 별로 영향이 없었다. 그러나 스웨터의 경우 통상 PC로 클릭하는 것보다 터치패널로 조작한 쪽이 더 높은 금액을 요구하는 것을 알 수 있었다.

화면상의 스웨터 아이콘을 손가락으로 직접 접촉한 것이 그 상품에 대해 '자기 것'이라는 감각을 높여주어서 자기도 모르게 금전적 가치가 올라갔다고 생각한다. 그러나 시내 관광 상품권이라면 현실 세계에서도 손가락으로 접촉할 수 있는 것이 아니기 때문에 별로 영향이 없었던 것이다. 스마트폰으로 인터넷 쇼핑을 하다가 '나도 모르게 많은 옷과 액세서리를 사버렸다'는 사람은 이 영향을 받았을 가능성이 있다.

보유 효과는 일상적인 것뿐만 아니라 '회사 매각' 등의 큰 비즈니스와 관련된 일에도 영향을 준다.

내 친구이자 JP 모건의 행동과학부문장을 맡고 있는 제프 크라이슬러는 클라이언트의 유산상속 상담을 할 기회가 있었다. 고인이 된 클라이언트가 남긴 것은 자산 수십억 엔 상당의 회사. 자녀들은 사업에 전혀 관여하지 않았기 때문에 회사는커녕 업계에 대한 지식도 없는 터라 자기들이 경영하기에는 어렵다는 것이었다.

그러나 부친이 고생해서 창업하여 경영해온 회사를 지면상일지라도 일단 상속했기 때문에 팔아넘길 수 없다.

이렇게 교착상태에 빠졌을 때 제프는 보유 효과에 대해 설명했다. 이것으로 클라이언트의 자녀들은 자신의 편향을 이해하고, 자신의 불합리함을 깨닫고, 결국 회사는 적절한 상대에게 매각하게 되었다고 한다.

'부정적인 감정'은 인간의 판단에 어떻게 영향을 미칠까?

긍정적인 어펙트를 알아보았으니 이어서 부정적인 어펙트를 알아보자. 긍정적인 감정에서도 봤듯이 마찬가지로 부정적인 감정에 의해서도 우리는 행동이 달라진다. 이것도 매우 비합리적이다.

비즈니스맨이라면 감정적이 되어 호통친다, 운다, 발끈한다는 것은 우선 있을 수 없는 행위라고 이해하고 있는 사람이 대부분일 것이다.

그러나 '이모션'은 그렇게 몇 번이나 빈번하게 일어나는 감정이 아니다. 그보다도 빈번하게 일어나서 인간의 판단에 영향을 주는 것은 마이너스의 어렴풋한 감정인 '부정적인 어펙트'이다. 은사이자 오리건대학교의 교수로 어펙트에 대해 50편 이상의 실험 논문을 발표한 엘렌 피터스에 의하면 "인간은 항상 어펙트를 느끼고, 그것이 끊임없이 의사결정에 영향을 준다고 해도 과언이 아니다."라고 했다.

당신도 느낀 적이 있지 않은가? '왠지 이 일은 마음이 내키지 않아.'라는 감정. 그 탓에 언제까지나 그 일에 착수하지 못한다.

또 당신 주위에 왠지 불길한 기운을 풍기는 사람, 불안한지 반응이 약한 사람, 집중력이 없고 안절부절못하는 사람은 없는가? 이런 사람도 부정적인 어펙트를 자각하지 못하는 사람이다.

이처럼 오히려 우리의 의사결정에 빈번하게 영향을 주는 것은 기복이 심한 이모션이 아니라 부정적인 어펙트 쪽인 경우가 많다. 여기서는 그런 사람을 둘러싼 부정적인 어펙트가 인간의 비합리적인 의사결정에 어떻게 관여하고 있는지 알아보기로 한다.

'부정적인 어펙트'는 인류의 적인가 아군인가?

이미 말했듯이 감정은 본래 진화론적으로는 유용한 것인데, 심리학에서는 분노나 공포라는 부정적인 감정을 '투쟁·도주 본능'과 연관 짓고 있다. 옛날, 수풀 속에 곰이 있다는 걸 알아차렸을 때의 공포나 불안은 '도망쳐!'라는 신호. 생명 유지의 행동으로 이어지는 유용한 감정이었다.

인간이 진화함에 따라 그런 위험한 상황은 사라졌음에도 감정은 지금도 여전히 빈번하게 생긴다. 그리고 그것은 여러 가지 행동에 악영향을 준다는 것이 밝혀졌다.

그래서 나는 부정적인 나의 감정도 이해하고, 가능한 한 효과적으로 활용하려고 한다.

비즈니스에도 도움이 되는 연구로 알려진 것이 '인지적 재평가(Cognitive Reappraisal)'. 자신이 안고 있는 막연한 감정에 시선을 돌리고, 이해하고, 재평가하면 좀 더 도움이 될 수 있다는 것이다.

부정적인 어펙트는 말하자면 '머릿속의 사소한 불안이나 불만'이다. 작은 목소리로 중얼거리고 있으므로 주의하지 않으면 알아들을 수 없지만, 방치하면 커져버린다.

그러므로 우선 머릿속의 어펙트에 주의를 기울이는 습관을 들여서 '머릿속에 부정적인 어펙트가 있다.'고 깨닫도록 한다. 이어서 그것을 인정한다. 예를 들어 '불안하다'고 깨달았다면 "불안해."라고 소리 내어 말하는 것도 좋을 것이다. 그리고 '왜 불안하지? 원인이 뭐지?'라고 생각한다. '다음 주부터 내 책임으로 시작되는 프로젝트에 자신이 없기 때문이야.'라고 원인을 알게 된 것만으로도 진정될 것이다.

또 그것을 재평가하여 '저렇게 책임이 막중한 프로젝트를 맡겨주다니, 기대를 받고 있다는 증거다. 앞으로도 열심히 하자.'라고 긍정적인 어펙트로 바꿀 수도 있다. 게다가 업무 중 실수로 상심하고 있을 때도 '어쩌다 그런 실수를 했지?'라고 계속 고민하고 있을 것이 아니라 '좋은 공부가 되었어. 다음에는 괜찮아.'라고 재평가하면 부정적인 어펙트가 감소한다는 연구 결과도 나왔다.

앞의 확장−구축 이론에서도 말했듯이 부정적인 감정은 심신에 심각한 컨디션 난조를 초래하는 해가 되므로 일방적으로 억누를 것이 아니라 제대로 맞서서 자신에게 맞도록 사이좋게 지내는 방법을 생각하면 될 것이다.

성공한 사람과 자신을 비교하며 질투하거나 자신감이 없어진 경험은 누구에게나 있을 것이다. '남과 비교하지 않고 내 길을 가야 한다.'라는 생각도 하지만, 앞에서 말했듯이 행동경제학의 연구에 의해 인간은 대부분을 '비교'에 의해 이해한다는 것이 밝혀졌다.

뇌는 하나의 정보를 단독으로 이해하는 것이 아니라 주위의 정보와 비교하면서 인지하므로, '비교하는 것이 인간의 디폴트'라 할 수 있다.

문제는 비교에 의해 생긴 부정적인 감정이다. 질투나 상심을 배제하려면 어떻게 해야 할까?

남과 비교하여 '뒤떨어져 있다.'라고 느낀 아쉬움을 동기 부여로 바꿔서 좀 더 열심히 하는 방법이 하나. '○○씨처럼 좀 더 영업 실적을 올리자.'라고 긍정적인 프레이밍으로 생각하거나 '○○씨에게 지고 싶지 않으니 더 열심히 하자.'라고 부정적인 프레이밍으로 생각할 수도 있다. 또 '○○씨에게 지면 어쩌지?'라는 불안이 노력의 원동력이 되는 것은 잘 알려져 있다.

또 하나는 비교 대상을 바꾸는 것이다. 예를 들어 성공한 사람과 비교하는 것이 아니라 5년 전의 자신과 비교하여 얼마나 성장했는지를 구체적으로 찾아보는 것도 좋을 것이다. 또 사회 경험 전체가 새로운 일인 신입 사원이 열심히 공부하는 것을 보고 '나도 신입 때는 저랬는데, 지금은 달라. 그건 노력해서 성장했기 때문이야.'라고 자신을 인정해주는 것도 좋다.

2분간의 스피치를
최고의 스피치로 바꾼 것

실제로 앨리슨 브룩스의 실험을 보면 부정적인 감정은 '인지적 재평가'에 의해 효과적인 것으로 바뀐다는 것을 알 수 있다.

실험의 피실험자에게 우선 2분간 스피치를 하라고 주문했다. 주제는 '자신은 어떻게 일할 수 있는가'. '나는 우수하다. 주위의 동료와도 협력적이고, 회사에 공헌하고 있다.'라고 설득력 있게 이야기해야 하는, 압박감이 매우 강한 주제다.

이 실험은 매우 엄격하고 사람들 앞에서 발표하는 것만으로도 긴장되는데, '스피치는 녹화한 것으로 채점한다.'라고 불안이 더 심해지는 조건이 있다.

피실험자들은 두 그룹으로 나뉘어 스피치를 시작하기 전에 목소리를 내서 다음과 같이 중얼거리라고 지시를 받았다.

- 그룹 1: "나는 두근두근 설렌다"
- 그룹 2: "나는 평상심을 유지하며 침착하다"

　실험 결과 '자신은 유능한 사원이다.'라고 자신감에 차서 스피치하여 좋은 평가를 받은 것은 그룹 1이었다.

　불안이나 긴장이라는 부정적인 감정은 간단히 사라지는 것이 아니고, 섣불리 '긴장하지 않았어. 난 괜찮아.'라고 억누르려고 하면 역효과가 난다. 그런즉 부정적인 어펙트를 인식하고, 그 후에 '의욕' 등의 긍정적인 어펙트로 변환한다는 그룹 1의 방법이 좋다는 결론이다.

　유사한 연구가 몇 가지 있다. 수학을 못한다고 느끼는 사람이 많은 미국에서 어려운 수학 문제를 내고 세 그룹으로 나눈 다음 아래와 같이 말했다.

- 그룹 1: "냉정하고 침착하게 풀어주세요."라고 들었다
- 그룹 2: "도전이니까 설레는 마음으로 즐기며 풀어주세요."라고
　　　　 들었다
- 그룹 3: 아무 말도 듣지 않고 문제를 풀었다

　위 세 그룹의 정답률을 보면 그룹 2가 다른 그룹보다 22%나 높았다. 이처럼 부정적인 어펙트는 무시하거나 억누르려고 할수록 악영향

이 될 가능성이 있으므로 긴장하고 있는 것을 받아들이고 그것을 '설렌다'고 재인식하면 될 것이다.

'곧 그만두자.'로
부정적인 어펙트 모드에서 탈출!

어떤 일이나 운동을 시작할 때 명확하게 목표를 세운 것은 좋지만, 어쩐지 '지겨워, 무리야.'라고 부정적인 어펙트가 끓어올랐을 때도 있지 않은가? 그런 것이 일어나기 쉬울 때는 '굳이 목표를 세우지 않고 곧 그만둘 생각으로' 시작하는 것을 권한다.

기획서 작성, 운동, 공부는 '5분만 하자.'라고 목표도 없이 즉각 시작한다. 왜냐하면 처음부터 '오늘 오전에 1시간은 집중해서 기획서를 쓰자.'라고 목표를 세우면 바로 부정적인 어펙트가 들어와서 마음이 내키지 않기 때문이다. '지겨워, 무리야.'라고. 그것에 의해 '아, 내일 약속 준비를 해야 하니까, 오늘은 시간이 없겠어.'라고 시작하기 전부터 변명거리를 생각한다.

부정적인 어펙트가 비집고 들어올 새도 없이 즉각 시작하는 것에 의해 작은 성과가 난다. 그렇게 하면 자신의 머릿속에 긍정적인 어펙트가 생긴다. '시작했다.'라는 것만도 성과이고, 고작 5분의 노력이라도 작은 성취감이 생긴다. 또 일단 시작하면 현상 유지 효과가 작용하여 계속 이어서 할 수 있다.

    이른바 '작은 목표'도 효과적이고, 목표를 조금씩 크게 잡아가는 것도 좋다. 나는 운동할 때 이 방법을 실천하고 있는데, 절대로 목표를 세우지 않고 즉각 실내 자전거에 올라탄다. 자전거를 타면 '5~10분간 열심히 달리자.', 실제로 10분이 지나면 '이왕 여기까지 왔는데 20분으로 늘리자. 유산소 운동으로 지방이 타기 시작하려면 그 정도는 해야지.'라고 조금씩 작은 목표를 세운다.

    20분간 계속하면 그것을 30분으로 늘리는 것은 쉬운 일인데, 스마트 워치를 보고 '75㎉가 연소'된 것을 알면 '성과가 나왔다.'고 느끼며 다시 긍정적인 어펙트가 생긴다. 그래서 '스마트 워치에서 100㎉가 연소되었다고 나올 때까지 계속하자.'라고 목표를 크게 잡는다. 이처럼 뇌를 속이며 하다 보면 어느새 '1시간을 꽉 채워서 운동할 수 있었다.'가 된다.

    물론 수면 부족과 같이 도저히 할 마음이 내키지 않는 날도 있다. 그런 날은 미련 없이 즉각 그만둔다. 그것은 '실내 자전거＝힘들다'라는 부정적인 어펙트를 만들지 않기 위해서다.

    부정적인 어펙트를 만들지 않을 뿐만 아니라 긍정적인 어펙트를 만드는 것도 습관화하기 위해서는 중요하다. 그러나 그것은 돈도 물건도 아니고 '열심히 운동했다! 난 정말 대단해!'라고 스스로를 칭찬하는 것. 그것에 의해 생기는 긍정적인 어펙트가 가장 큰 포상이 된다는 것은 몇몇 실험에서도 밝혀졌다.

stickK.com의
싫어하는 단체에 기부하는 서비스

이 절의 마지막으로 또 하나, 부정적인 어펙트를 역이용하여 자신의 행동에 좋은 영향을 주는 예를 소개한다.

예를 들어 미국의 행동경제학에 정통한 사람들 사이에서는 '신년 포부는 사람들에게 공개적으로 말하는 게 좋다.'라고 인식되고 있다. 왠지 아는가?

사람들에게 자신의 포부를 말하면 '만천하에 공표했는데 달성하지 못하면 어쩌지……?'와 같은 불안이 생긴다.

과도한 압박이 좋지 않은 것은 알지만, 이 예와 같은 적당한 부정적인 어펙트는 오히려 플러스로 작용한다는 것이 밝혀졌다. 적당한 압박이고, '나중에 부끄러울지도 몰라.'라는 상황을 피하려고 해서 오히려 달성률이 높아진다는 것이다. 또 실제로 달성했을 때는 주위 사람들로부터도 인정받아 긍정적인 어펙트를 얻을 수 있다.

그런데 이 부정적인 어펙트를 이용한, 재미있는 인터넷 서비스가 있다.

자신이 세운 목표를 달성하지 못했을 때, 당신이 가장 싫어하는 단체나 조직에 기부해야 한다면 어떨까? 미국이라면 정치적인 이념이 반대인 자선단체 등, 자신이 평소 응원하는 단체의 경쟁상대가 되는 단체에 돈을 기부해야 하는 경우 등을 생각할 수 있다.

그것이 2007년에 설립된 스틱케이닷컴(stickK.com)이다. 이 사이트에서는 유저가 자기 돈을 얼마나 지불할지 정하고, 달성하고 싶은 목표를 입력한다.

그리고 그것을 달성하지 못했을 때 돈이 어떻게 되는지에 대해서도 선택한다(예: 마음에 들지 않는 자선단체에 기부하는 것 등). 기간 내에 유저가 목표를 달성하면 돈을 돌려받을 수 있다. 그러나 달성하지 못하면 그 돈은 사전에 정해놓은, 유저가 마음에 들어 하지 않는 자선단체에 기부된다.

'자신의 소중한 돈을 잃는다', '게다가 마음에 들지 않는 단체로 들어가는' 것에 의한 부정적인 어펙트를 회피하기 위해 동기 부여가 올라가서 목표를 달성하기 쉬운 것이다.

이것도 어떻게 자신의 부정적인 어펙트와 긍정적인 어펙트를 잘 사용하느냐의 예다.

감정이 '돈 사용법'에도 영향을 준다

　지금까지 인간의 비합리적인 의사결정에 크게 영향을 주는 '어펙트'를 배웠고, 그리고 어펙트에는 긍정적인 것과 부정적인 것이 있다는 것을 소개했다.

　이러한 어펙트는 인간의 다양한 '비합리적인 행동'을 만들어내는데, 그중에서도 '돈 사용법'에 대해 특징적인 행동을 불러일으키는 것이 있다.

　당신도 경험한 적이 있을 것이다. 예를 들어 '기분이 우울할 때 자기도 모르게 돈을 너무 많이 써버린' 경험 말이다. 만약 인간이 합리적인 존재라면 감정에 휘둘려 이런 낭비를 하는 짓은 하지 않는다. 그러나 우리는 그때의 감정에 의해 '비합리적'으로 돈을 쓴다.

　그리고 그렇게 '비합리적'으로 돈을 쓰는 인간이 모여서 벌이는 활동이 경제(비즈니스)이므로 당연히 경제도 감정에 의해 움직여지는 비합리적인 존재다.

여기서는 감정이 어떻게 인간의 '돈 사용법'에 영향을 주는지 살펴보겠다.

아마존은 '캐시리스 효과'로
당신을 마비시킨다

앞서 인터넷 쇼핑에서는 터치패널로 사는 쪽이 좀 더 상품을 매력적으로 생각하게 되는 '보유 효과'를 소개했다. 감정이 '돈 사용법'에 주는 영향의 한 예이기도 하다.

즉, 사기 전의 상품에 대해서는 '자기 것'이라는 어펙트를 갖지 않는 편이 좋지만, '돈 자체'에 대해서는 '자기 것'이라는 어펙트를 갖는 편이 낭비를 하지 않게 된다. 또 관련해서 현금으로 결제하느냐 캐시리스냐라는 차이도 돈 사용법에 영향을 준다.

일본에서도 캐시리스가 급격하게 진행되어 소비자청의 발표에 의하면 보급률은 2019년 12월의 54.2%에서 2022년 2월에는 64.0%로 증가했다. 일본에서도 이 정도로 진행되었는데 미국은 이미 사람들 대부분이 현금을 쓰지 않는 사회로 카드나 스마트폰 앱으로 결제하는 습관이 완전히 정착되었다.

그러나 행동경제학에서는 캐시리스인 쪽이 돈을 더 많이 쓴다는 것이 밝혀졌다. 왜냐하면 캐시리스라는 논을 결제할 때 '투명성이 낮다'는 이유로 '돈을 써버렸다'는 심리적 고통(Pain of Paying)을 느끼기 어렵기 때문이다. 또 얼마를 썼다는 감각도 낮고, '돈을 많이 썼다'는 것에 대한 부정적인 어펙트도 생기기 어려워져서 결국, 쉽게 써버리는 것이다.

반대로 현금 결제 쪽이 투명성이 높다. 즉, 실제로 눈앞에 있는 상품에 대한 현금을 건네는 것에 의해 '얼마나 어떻게 썼는지'라는 감각이 강해지므로 부정적인 어펙트가 생기기 쉽고, 낭비하지 않게 된다.

아마존 등의 인터넷 쇼핑은 당연히 카드 결제이고, 게다가 원클릭으로 구매가 완료된다. 사고 싶은 상품에 대한 긍정적인 어펙트에 이끌린 채 마비된 듯한 경제 감각에서의 쇼핑이 되기 쉽다. 또 돈을 쓴 감각이 희박하므로 '낭비했다'는 부정적인 어펙트도 느끼는 일이 적어서 자기도 모르게 계속해서 낭비하기 쉽다.

물론 카드나 앱은 안전성과 편리성이 좋기 때문에 나눠서 사용하는 것도 하나의 안이다. 예를 들면 건강이나 교육 등 '자기 투자의 개념으로 쓰는 돈'은 카드로 결제한다. 왜냐하면 직접 건네는 현금으로는 '돈을 쓰는 고통'을 좀 더 가깝게 경험하여 쓰는 것을 아까워하기 때문이다. 당신이 '여기엔 돈을 써야 해.'라고 생각하는 것에는 (물론 예산 안에서) 일부러 카드를 쓰는 것도 하나의 선택이다.

반대로 스타벅스의 라테와 같은 '사소한 즐거움·사치'에 쓰는 돈은 현금으로 결제한다. 커피 향에 대한 긍정적인 어펙트에 낚여서 자기도 모르게 낭비하지 말고 현금을 세서 직접 건넴으로써 '돈을 썼다'는 감각을 높일 수 있게 된다. 또 좀 더 의식적으로 사는 것에 의해 '그 중요한 돈을 다 써버렸다'는 것에서 그 즐거움이나 사치의 행복을 좀 더 강하게 실감할 수 있다.

왜 '$20.00'보다
'20.00' 쪽이 더 잘 팔릴까?

돈과의 심리적 거리에 대해 더 재미있는 실험이 있어서 여기에 소개한다. 레스토랑에서 두 가지 메뉴판을 준비했다.

- A에는 '○○○ $20.00'라고 각각의 요리에 '$+금액'을 표시
- B에는 '○○○ 20.00'이라고 각각의 요리에 '금액만' 표시

다른 것은 '$' 표시가 있느냐 없느냐뿐. 메뉴판의 디자인이나 요리의 종류 등 그 외의 조건은 전부 같다.

실험 결과, B메뉴판을 받아든 손님 쪽이 A메뉴판을 받아든 손님보

다 큰 폭으로 소비액이 늘어났다.

'$'라는 표시가 없는 것에 의해 머리로는 내야 할 음식 값이라고 알고 있지만 '돈을 낸다'는 행동이 심리적으로 와닿지 않아서 쉽게 돈을 쓴 것이다.

일본에서도 외자계 호텔이나 고급 레스토랑에서는 '2,000엔'이라 표시하지 않고 '2,000'과 같이 아라비아 숫자만 기입한 메뉴판을 비치하는 곳이 있다.

판매자 쪽에서 매상을 높이고 싶으면 '2,000'이라고 숫자만 표시하고, 구매자 쪽에서 절약하고 싶을 때는 만약 '2,000'이라고 표시된 메뉴판을 보면 신중해지는 게 좋다.

또 앱 결제나 전자상거래에서는 포인트 제도도 활성화되어 있는데, 여기에도 투명성을 떨어뜨리는 '캐시리스 효과'라는 기업 측의 전략이 숨어 있다.

예를 들면 '언제든 반품 OK'라고 광고하는 사이트는 돈이 아니라 포인트로 환불되어 '포인트=돈'이라는 감각이 희박한 고객은 쌓인 포인트를 쉽게 써버리는 경향이 있다.

카지노나 게임 센터에서 현금을 코인으로 바꿔서 노는 것도 같은 이유인데, 돈을 써버리는 장치가 곳곳에 숨어 있는 것이다.

'목표 구배 효과',
모으고 싶어지는 스탬프 카드의 구조

캐시리스나 포인트뿐만 아니라 스탬프 카드로도 행동경제학을 활용한 전략을 짤 수 있다.

예를 들어 커피를 한 잔 사면 스탬프를 하나 찍어주는 카드를 나눠주는 카페가 두 군데 있었다고 하자.

- 카페 A: 스탬프를 10개 모으면 1잔 무료 서비스
- 카페 B: 스탬프를 12개 모으면 1잔 무료 서비스. 단 처음부터 스탬프가 두 개 찍혀 있다

생각해보면 바로 알 수 있듯이 어느 것이나 '앞으로 10잔을 사면 1잔 무료가 된다'는 같은 서비스다. 그러나 고객이 빨리 모든 스탬프를 다 모으는 것은 카페 B다.

B는 이미 스탬프 두 개가 찍혀 있기에 두 개의 스탬프를 무료로 받았다는 것에 대한 긍정적인 어펙트가 생긴다.

또 '목표 구배 효과(Goal Gradient Effect)'의 영향으로 카드에 스탬프가 찍히는 것을 볼 때마다 '벌써 이만큼 모았어. 앞으로 몇 개만 더 모

으면 돼.'라고 긍정적인 어펙트가 솟구쳐서 사람들을 더욱 행동으로 달려가게 만든다.

이 예는 일련의 일을 시작했을 때의 동기 부여를 높이는 데도 활용할 수 있다. 예를 들어 꼭 해야 하는 작업이 20건 있다고 하자. 작업을 20건이나 적어놓은 것은 좋지만, 20건이나 되는 작업을 보고 좀처럼 시작할 엄두가 나지 않는다. 그래서 일부러 처음의 2~3건은 '메일 확인' 등 쉽게 마무리할 수 있는 작업을 적는다. 그 처음의 2~3건을 바로 해결할 수 있는 것에 의해 약간의 성취감 같은 긍정적인 어펙트가 생겨서 좀 더 분발하자고 생각하게 되는 것이다.

단, 절반 정도인 10건 이후는 진행 속도가 느려질지도 모른다. 그럴 때는 과감히 나머지 10건을 별도의 리스트로 옮기고 다시 처음부터 시작하는 것도 방법이다.

스탬프 카드는 '긍정적인 어펙트'와 '목표 구배'라는 두 가지 행동경제학 이론을 활용하고 있고, 앞으로도 앱이나 포인트로 형태를 달리하며 남아 있을 것이다. 가게의 매상이 올라가고, 단골 확보에 도움이 되는 것 외에 카드를 만들 때 고객정보를 입수할 수도 있다.

처음에 스탬프 두 개를 찍었다고 해도 가게 측의 손실은 제로. 스탬프를 찍는 수고와 잉크값 정도로 효과가 더 올라가는 것이므로 현명한 전략이라 할 수 있다.

행복을 돈으로 사는
다섯 가지 방법

지금까지 감정이 어떻게 인간의 '비합리적인 돈 사용법'을 만들어내는지를 알아보았다.

한편, 돈을 쓰는 것에 의해 감정이 추슬러진다는 반대의 측면도 있는 것이 인간의 재미있는 점이자 비합리적인 점이다.

이 절의 마지막으로 행동경제학의 관점에서 본 '행복해지는 돈 사용법'을 알아본다.

브리티시컬럼비아 대학교의 엘리자베스 던과 하버드 경영대학원의 마이클 노튼은 행동경제학과 돈에 대해 정리한 저서 《'행복을 돈으로 사는' 다섯 가지 수업》(일본판 제목으로 한국에서는 《당신이 지갑을 열기 전에 알아야 할 것들》이라는 제목으로 알키 출판사에서 출간되었다-옮긴이)에서 행복해지는 돈 사용법으로 다섯 가지 원칙을 소개한다.

1. 경험을 산다

돈을 쓸 때는 옷과 같은 물건을 사는 것보다 여행을 가는 등 '경험'에 돈을 쓰는 것이 행복도를 높일 수 있다. 경험은 '시간'이라는, 돈 이상으로 가치가 있는 것을 소비하는 것이기도 하다. 가족에게 주는 선물이나 동료에게 하는 감사 표시는 물건으로 하는 경향이 있는데, 이때

도 함께 경첩할 수 있는 것이나 좋아하는 이벤트 티켓을 증정하는 것
도 좋은 방법이다.

2. 드문 포상을 한다

마음에 드는 향수든 넥타이든, 매일 뿌리거나 매서 익숙해지면 행복
도가 낮아지는 것들. 조금 참고 있다가 생일이나 중요한 미팅 등 '특별
한 날만'이라든가 '기분이 처지는 월요일만'과 같은 제한을 두면 그때
의 특별한 포상이 되어 좋아하는 것에서 얻을 수 있는 행복감이 유지
된다.

3. 시간을 산다

돈을 써서 시간의 여유가 생기면 행복도가 올라간다. 예를 들면 집
세가 다소 비싸도 직장에서 가까운 곳에 살면 출퇴근으로 받는 심신의
스트레스가 줄어든다. 또 일본과 달리 미국에서는 보편화되어 있는
가사 대행 서비스를 이용하는 것도 좋은 방법이다. 음식 배달도 단순
히 수고를 더는 것이 아니라 요리를 하고 치우는 데 드는 시간을 사는
것이다. 해외 출장이나 해외 여행의 계획을 짤 때는 가격이 다소 비싸
도 환승편보다 직항편을 선택하는 게 '시간을 사는' 것이 되어 행복한
돈 사용법이 된다. 아깝다고 스트레스가 쌓이는 쪽을 선택해서 나중에
스트레스로 돈을 날리는 것보다 건강에 이롭고 현명한 돈 사용법이다.

4. 선불한다

당일표보다 예매표를 사서 콘서트에 갈 경우 두 가지 장점이 있다. 하나는 '앞으로 1개월, 앞으로 3주일, 2주일' 하고 즐거운 마음으로 기다릴 수 있는 것. 또 하나는 실제로 콘서트를 보러 갈 때는 지불한 돈을 잊고 순수하게 즐길 수 있는 것. 반대로 말하면 '당일 비싼 표를 사서 보러 간다'는 것은 쓴 돈의 액수가 머릿속 한구석에 남아 있어서 마음껏 즐길 수 없게 되는 경우가 있다.

5. 타인에게 투자한다

자신에게 돈을 쓰기보다 타인에게 돈을 쓰는 것이 행복감이 올라간다는 것은 정말 비합리적이다. 그러나 '자신을 위해 돈을 쓰는 그룹'과 '타인을 위해 돈을 쓰는 그룹'을 모아서 각 그룹에 돈을 쓴 후의 행복도를 묻는 실험에서는 타인에게 돈을 쓴 그룹의 행복도가 높다는 조사결과가 나왔다. 다른 실험에서는 자신을 위해 사탕을 산 사람들보다 중병으로 입원한 아이들에게 사준 쪽이 행복도가 높았다.

이 원칙을 근거로 같은 돈을 쓰더라도 자신과 주위 사람의 긍정적인 어펙트가 올라가고, 좀 더 행복해질 수 있는 현명한 사용법이 가능하다고 할 수 있다.

'통제감'도 인간의 판단에 영향을 준다

인간은 원래, 통제하고 싶어 하는 생물

이미 말했듯이 인간은 '늘 스스로 의사를 결정하고 행동한다. 인생을 통제한다.'라고 생각하고 있고, 또 그렇게 하고 싶다는 강한 욕구가 있다. 여기서 통제할 수 있다는 것은 '스스로 결정할 수 있다' 또는 '자신이 하고 싶은 방향으로 향하도록 영향을 줄 수 있다'는 것이다.

자신의 '심리적 통제'를 높이는 것은 업무 만족도와 행복도를 높이는 효과가 있고, 또 부하 직원의 심리적 통제력의 감각을 높이는 것에 의해 부하 직원의 분발이나 헌신을 높이고, 더불어 이직 방지에도 도움이 된다.

그러나 실사회에서는 모든 것이 좀처럼 자기 생각대로는 되지 않는 법. 즉, 늘 통제감을 느낄 수 있다고는 할 수 없다.

직감적으로도 '타인이나 상황에 자신의 인생이 통제당한다'는 것은 싫다는 것을 알 것이라고 생각한다. 이와 관련된 조사에서도 '통제감'의 감소가 부정적인 감정을 낳고, 그 부정적인 감정이 인간의 비합리적인 의사결정이나 행동에 영향을 준다는 것이 밝혀졌다. 또 '자기 외의 것(사람·상황)에 통제되고 있다'는 감각은 우울증, 스트레스, 불안과 관련된 장애 등, 신체적으로도 악영향을 준다.

그런 중요한 통제감을 좀 더 상세하게 알아본다.

남캘리포니아 대학교의
채혈과 통제 실험

슬프거나 스트레스가 쌓이면 쇼핑을 하고 싶어진다. 이것도 심리적 통제감을 되돌리고 싶다는 마음의 발로다.

인간이 슬픔을 느끼는 것은 자기 외의 사람이나 상황에 통제되고 있는 경우가 많은데, '나는 뭘 해도 안 돼.'라는 무력감에 휩싸이고 '신속하게 주도권을 되돌리고 싶다'는 욕구가 강해진다.

쇼핑은 자신의 의지로 선택한 것을 자신의 능력(돈)으로 자기 것으로 만들 수 있다. 즉, 간단히 '스스로 통제하고 있다.'라고 느낄 수 있는 행동이다.

문제는 그렇게 해서 쇼핑을 하게 되면 아무리 돈이 많아도 부족하다는 것이다.

그러나 미시건 대학교의 스콧 릭 등의 실험에 의해 '돈을 쓰지 않아도 기분이 좋아지는 쇼핑이 있다'는 것이 밝혀졌다.

피실험자에게 인터넷 쇼핑 사이트를 보여주고 마음에 드는 상품을 선택해서 장바구니에 담게 했다. 결제는 하지 않으므로 과거의 윈도쇼핑과 같은 것이다.

그 결과 슬픔을 느끼던 사람은 마음이 편안해진 것이 밝혀졌다. 돈을 쓰지 않고 장바구니에 담는 것만으로도 '쇼핑 효과'가 나타난 것이다.

참고로 화가 나 있는 사람에게도 같은 실험을 했지만, 가상의 쇼핑으로는 화가 가라앉지 않았다.

그 이유는 화는 주로 '누군가에게 화가 났다.'이거나 '이 상황에 대해 화가 난다.'와 같이 특정한 '사람'이나 '상황'이 표적이 되기 때문이다. 그러므로 심리적 통제감을 높이는 쇼핑으로는 화가 잊히지 않는다고 연구자는 분석하고 있다. 확실히 '저 클라이언트는 정말 나빠.'라고 화가 나 있을 때 쇼핑으로도 좀처럼 화는 사라지지 않았다.

기업 측에서는 슬픔에 빠져 있는 사람의 쇼핑 체험을 좀 더 효과적으로 만들 수 있도록 상품의 색을 다채롭게 하여 좋아하는 색을 선택할 수 있게 하거나, 또는 이니셜을 넣는 등의 커스터마이즈를 가능하게 하는 것도 검토하면 좋을 것이다. 이를 통해 고객의 심리적 통제감을 더욱 높여줄 수 있고, 고객에게는 기쁨을 주는, Win-Win 관계가 될 수 있을 것이다.

그 외에도 '채혈'에 관한 실험이 있다.

여러분도 채혈할 때 머리로는 필요한 검사라고 알고 있어도, '아프면 어쩌지?'라는 불안에 휩싸인 적이 있지 않은가?

남캘리포니아 대학교의 리처드 밀스 등의 조사에서는 채혈할 때 "왼팔과 오른팔 중 어느 팔에 할까요?"라는 간호사의 질문만으로도 이 부정적인 어펙트가 눈에 띄게 줄어드는 것이 밝혀졌다.

지금은 어느 병원에서나 "어느 팔에 할까요?"라고 묻는 게 일반적이지만 적어도 옛날 미국에서는 간호사가 자신의 판단에 따라 결정했다. 전문가인 간호사가 어느 팔의 혈관이 채혈하기 쉬운지 판단해서 결정하므로 매우 합리적이라 할 수 있다.

그러나 환자의 입장에서 보면 부정적인 어펙트가 생기는 것이 채혈이다. 필요한 검사로서 자기 의지가 아니라 '당하는 느낌'이 강하고, 심리적 통제감이 약하다. 그럴 때 스스로 어느 팔에서 채혈하는지 통제할 수 있는 것만으로도 불안도가 감소하고, 만족도는 올라가는 것이 연구에 의해서도 밝혀졌다.

좌우, 어느 팔에서 채혈하는지는 생각해보면 정말로 사소한 일이지만, 그것을 통제할 수 있는 것만으로도 부정적인 어펙트가 감소하고 안심할 수 있는 것이다.

테두리가 있는 약 패키지가
'경계 효과'로 인기를 얻는다!

다음 페이지에 두 개의 약 패키지가 있다. 클라이언트로부터 '상품 패키지에 대한 조언이 필요하다.'는 요청을 들은 적도 있는데, 2023년 봄, 이 책을 집필하고 있는 시점에서 내가 권했다면 왼쪽 약 쪽이다. 컨설턴트로서 우리 회사의 역할은 크리에이티브하고 센스가 있는 디자인을 선택하는 것이 아니라 과학적인 근거에 기초하여 '소비자가 원하는 디자인'을 선택하는 것이다. 따라서 "왼쪽이 좋겠죠."라고 클라이언트에게 권한 이유에는 분명한 근거가 있다.

세계적인 팬데믹이 수습되어 가고 있다고는 해도 러시아·우크라이나 전쟁은 아직 끝나지 않았고, 시리아와 튀르키예에서는 지진이 일어나고, 경기 후퇴도 심각하다. 세계정세가 불안해지고 있을 때 사람들은 '상황에 통제되고 있다'는 무력감에서 불안해진다.

여기서 참고가 되는 것이 듀크 대학교 경영대학원에서 함께한 케이샤 컷라이트가 졸업논문의 일부로 발표한 '경계 효과(Boundary Effect)'라는 이론이다.

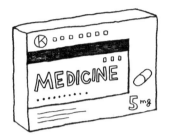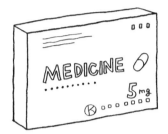

그녀의 실험에서는 '자신 이외의 것(타인·상황)에 통제되고 있다.'라고 강하게 느끼는 사람은 보더나 테두리 등 경계선이 있는 패키지를 선호한다는 것이 밝혀졌다.

왼쪽 패키지는 상품명이 사각의 경계선으로 둘러싸여 있다. 그 경계효과에 의해 무의식적으로 통제감이 있다고 느껴지므로 불안한 사람을 유인할 수 있다.

패키지 디자인이나 광고 비주얼은 비즈니스의 일환으로 주목하고 있는데, 부유층용은 개방적인 것이 많고 경계선이 분명한 디자인은 별로 볼 수 없다.

'경기가 좋고 경제 성장률이 상향 곡선을 그리면 경계선이 없는 패키지가 잘 팔린다.'라는 실험은 없으므로 단언할 수는 없지만, 가설로는 성립될 것이다.

'불확실성'도
인간의 판단에 영향을 준다

'불확실성 이론',
'미래를 읽을 수 없는 것'이 인생 최대의 스트레스

행동경제학에서 꾸준히 많은 주목을 받고 있는 소재는 '불확실성 (Uncertainty)'이다.

인간의 생활 속에서 '절대 확실'이라고 단정할 수 있는 것은 거의 없다. 평생 일할 수 있다고 생각한 대기업에 취직해도 언제 쫓겨날지 모르고, 언제 도산할지 모른다. 일본이라면 특히 대지진이 일어날 가능성이 상존한다. 상상하고 싶지 않은 일이지만, 화재, 강도, 갑작스러운 발작 등 돌연 목숨을 잃는, 흔히 예측할 수 없는 사태는 누구에게나 있을 수 있다.

좀 더 일상적인 예를 들어봐도 평소에는 정시에 오는 버스가 늦거나, 몇 년 동안 거래를 이어온 클라이언트와의 계약이 돌연 파기되는 일 등이 있을 것이다. 또 '백 퍼센트 좋다.'고 확신하고 산 상품에 실망한 적도 있을 것이다.

인간은 그런 불확실성을 싫어한다.

'불확실성'도 '통제감'과 마찬가지로 부정적인 감정을 낳고, 그 부정적인 감정이 인간의 비합리적인 의사결정에 영향을 준다. 그러므로 역시 '불확실성'도 인간의 비합리적인 의사결정에 영향을 준다.

'불확실성'이 어떻게 부정적인 감정을 낳는지를 나타내는 사례로 행동경제학 관련 학회에 갔을 때 한 연구자에게 개인적으로 들은 적이 있다. 병원에서 "암이 의심됩니다."라고 진단받은 사람을 대상으로 한 조사다. 이 조사에서는 "암이 의심됩니다."라는 말을 들은 사람의 그 후의 심리상태를 조사했다.

여러분도 몸 상태가 좋지 않아 검사를 받았는데 "암이 의심됩니다."라는 말을 들었다면 걱정돼서 불안과 공포에 휩싸일 것이다. 건강검진에서도 '재검진' 통보를 받으면 우울해진다.

이 조사의 대상자들도 마찬가지였다. 역시 "암이 의심됩니다."라는 말을 듣자 모두에게 부정적인 감정이 강해졌던 것이다.

이 조사의 흥미로운 점은 이때부터다. 이때까지는 '암이 의심된다'는 말뿐이었으므로, 그 후 '결국 암에 걸리지 않은 사람'과 '실제로 암에 걸린 사람'으로 나뉜다.

우선은 '결국 암에 걸리지 않은 사람'이다. 이 사람들은 최종적으로 "암에 걸리지 않았습니다."라는 말을 듣자, 듣기 전보다 급격하게 스트레스 지수가 내려갔다. 이것은 당연한 결과다.

그러나 흥미로운 것은 '실제로 암에 걸린 사람'이다. 최종적으로 "역시 암에 걸렸습니다."라는 선고를 받자 물론 선고받은 그때의 스트레스 지수는 급상승했지만, 며칠 후에는 선고를 받기 전보다 오히려 스트레스 지수가 내려갔다는 것이다. 암에 걸렸다는 사실을 알고, 치료 등의 대처법 선택 등 다음 단계를 알게 되자 불확실성이 내려가고 스트레스 지수가 내려간 것이었다.

즉, 인간은 실제로 나쁜 결과라는 것보다 '나쁜 결과가 될지도 모른다.'라고 생각해서 불확실한 상태인 쪽이 심리적 부담이 큰 경우도 있다는 조사 결과다.

일상생활에서도 '어려운 일이 될지 모른다.'라는 걱정보다, 실제로 그렇게 되었을 때의 심리적인 악영향이 작다는 조사 결과가 나왔다. 그것을 피하기 위해 '저 안건이 클라이언트의 마음에 들지 않으면 어쩌지?'라고 과도하게 불안해지기보다 '할 수 있는 것은 다 했다.'라고 의식을 바꿔서 기분을 전환하는 것도 좋을 것이다.

미국의 로또
'메가밀리언즈'와 불확실성

지금까지 인간이 얼마나 불확실성을 피하고 싶어 하는지에 대해 이야기했는데, 유일한 예외라 할 수 있는 것이 긍정적인 감정인 '희망'이다.

미국에서 '희망을 준다'고 하면 지금 화제가 되고 있는 복권. 이 책을 집필하던 2023년 초에 "1등 당첨금이 10억 달러가 되었다."는 뉴스가 보도되었다. 일본에서도 복권을 사는 사람은 일정하게 있는데, '당첨 명당'으로 알려진 매장에는 줄이 길게 늘어선다.

합리적으로 판단하면 '자신은 당첨될 리가 없다.'가 될 것이고, 희망도 희박할 것이다. 실제로 아무도 1등에 당첨되지 않음으로써 복권 당첨금은 계속해서 불어난다. 인간이 불확실한 것을 싫어한다면 '복권은 사지 않는다.'라고 판단해야 마땅하다.

그런데 그래도 모두 복권을 계속 사는 것은 당첨될 확률이 극단적으로 너무 낮아서 확률에 대한 이미지가 전혀 없기 때문이다. 반대로 '만약 당첨되었을 때'의 기쁨은 굳이 생각하지 않아도 안다.

- '복권에 당첨되는 것은 천문학적인 확률'
- '복권에 당첨되면 일을 그만두고 호화롭게 살자'

이 두 가지 중 어느 것을 쉽게 상상할 수 있느냐 묻는다면 수학자가 아닌 한(아니, 수학자라도) 후자일 것이다. 그래서 합리적인 '당첨될 리가 없는 숫자의 확률'보다도 '복권에 당첨되면 일을 그만두고 사고 싶은 것을 사고 세계여행을 하며 호화롭게 지내자!'라는 꿈같은 생활과 관련된 어펙트가 우선시된다. 즉, 설령 확률이 극단적으로 낮아도 상상하기 쉬운 어펙트에 끌려 복권을 계속 산다는 비합리적인 행동으로 이어지는 것이다.

그것을 뒷받침하는 실험도 있다. 두 그룹을 만들고 각각 다른 쿠폰이 당첨되는 복권에 얼마까지 낼 수 있는지 물었다.

- 그룹 1: 유럽 여행 쿠폰 500달러에 당첨된다
- 그룹 2: 학비에 보탤 수 있는 500달러 쿠폰이 당첨된다

보면 알 수 있듯이 그룹 1이나 그룹 2나 당첨 금액은 같다. 그때 당첨확률이 99%라고 전달받은 피실험자는 유럽 여행 쿠폰보다 학비 쿠폰 쪽에 10% 미만의 많은 금액을 낸다는 결과가 나왔다. 그런데 당첨확률이 격감하여 '당첨확률은 1%'라고 전달받은 피실험자 사이에서는 여행 쿠폰에 내는 금액이 학비 쿠폰에 내는 금액의 4배나 되었다.

그것은 유럽 여행은 복권과 마찬가지로 긍정적인 어펙트가 강하고, 학비는 긍정적인 어펙트가 약하기 때문이다. '당첨확률이 낮으면 확률

보다 긍정적인 어펙트에 의사결정이 좌우된다'는 인간의 비합리적인 면을 뒷받침하고 있다.

일상의 업무에서도 '성공할지 어떨지 모르지만 스스로도 확신이 있다!'는 프로젝트와 '음, 확실히 어느 정도의 이익은 나겠지만, 좋지도 싫지도 않은데?'라는 프로젝트가 있다고 하자.

이 경우 대개의 비즈니스맨은 설령 성공할 확률이 낮아도 자신이 좋아하고 확신도 있는 프로젝트에 노력과 시간을 쓰기 십상이다. 물론 그 자체가 나쁜 것은 아니다. 그러나 그만큼 성공할 확률이 높은 확실하고 중립적인 일에 주력할 수 없게 되고, 반대로 실패했다고 후회하지 않으려고 타임 매니지먼트에 많은 신경을 쓰게 된다는 단점이 있다.

아무쪼록 행동경제학의 이론을 생각해내서 냉정하게 업무 배분을 하길 바란다.

지금까지, 행동경제학을 교양으로서 배우기 쉽도록 큰 세 개의 기둥인 '인지의 버릇' '상황' '감정'으로 나눠서 각각을 살펴보았다. 여기까지 읽고 느낀 분도 많을지 모르지만, 실제로는 이 세 가지가 서로 얽혀 있는 경우가 대부분이라는 것이다. 예를 들어 감정 이입의 간극은 '인지의 버릇'과 '감정'이 얽혀 있고, '상황'에 의해 비합리적인 판단이 된다는 이론이다.

단지, 이 책은 어디까지나 '행동경제학을 처음 배우는 사람'을 위한 책이므로 체계화를 우선시하여 굳이 세 가지로 분류하여 별개의 것으로서 해설하고 있다.

세 가지 요소로 이해함으로써 비합리적인 행동을 알아채기 쉬워지고, 그 원인을 해명하기 쉬워지므로 그만큼 좀 더 빨리 해결을 향해 행동할 수 있을 것이다.

- 전통적인 경제학에서는 인간은 감정에 좌우되지 않는다고 한다. 그러나 실제로는 인간은 감정에 의해 비합리적인 의사결정을 한다. 의사결정이 감정에 좌우되고 있다는 것 자체가 실로 비합리적이다.

- 실은 감정에는 강한 감정을 나타내는 '(개별) 감정'과 어렴풋한 감정인 '어펙트'가 있다. 인간은 어펙트 쪽을 빈번하게 느끼기 때문에 인간의 비합리적인 의사결정의 원인을 생각할 때도 어펙트에 주목해야 한다.

- 어펙트에는 긍정적인 어펙트와 부정적인 어펙트가 있다.

- 긍정적인 어펙트는 기본적으로 인간을 좋은 방향으로 이끌지만, 반대로 돈을 탕진해버리는 경우도 있다.

- 부정적인 어펙트는 억누를수록 악영향을 끼치기 쉽다. 무리하게 억누르지 말고, 부정적인 자신의 감정도 이해하고 효과적으로 활용한다는 사고방식을 갖는다.

- 감정은 '돈 사용법'에도 영향을 주고, 그 탓에 인간은 낭비를 하고만다.

- '심리적 통제감'의 결여는 부정적인 감정을 낳고, 그것이 비합리적인 의사결정으로 이어진다.

- '불확실성'도 부정적인 감정을 낳고, 그것이 비합리적인 의사결정으로 이어진다.

에필로그

당신의 '일상을 둘러싼'
행동경제학

지금까지 행동경제학에 대해 '학문적인 연구'와 그것이 '실제 비즈니스에 어떻게 영향을 미치는지'라는 두 가지 관점에서 설명했다. 비즈니스맨을 위한 교양서인 이 책의 결말로서 에필로그에서는 '비즈니스'에서 좀 더 시선을 높여 '사회에서의 행동경제학'에 대해 아래와 같이 세 개의 절로 해설하기로 한다.

1. '자기 이해·타인 이해'와 행동경제학

비즈니스맨으로서도 한 인간으로서도 더욱 넓은 시야를 갖추기 위해서는 우선 자신을 이해하는 것이 필요하다. 자신을 이해하면 비합리적인 자신의 측면이나 의사결정의 경향을 깨닫게 되어 좀 더 나은 결단을 내릴 수 있고, 자신이 원하는 행동으로도 이어질 것이다.

여기서는 행동경제학에서 말하는 '자기 이해와 타인 이해'에 대해 우선 설명한다.

2. '지속 가능성'과 행동경제학

SDGs의 17가지 목표를 예로 들 것까지도 없이 극한까지 성장한 시

장에서 일히는 21세기의 비스니스맨은 지속 가능성의 모색과 무관할
수 없다.

　행동경제학적으로 본 SDGs란 무엇인지 함께 생각해보자.

3. 'DEI'와 행동경제학

　세상을 읽고 해석하는 키워드는 여러 가지가 있지만 'D&I' 즉, 다양
성(Diversity)을 인정하고, 받아들여서(Inclusion) 활용하는 것은 논의가
상당히 진전되었다. 이것을 더욱 진화시킨 것이 다이버시티, 에쿼티,
인클루전. D&I에 공평성(Equity)을 추가한 개념으로 앞으로의 세상에
주어진 과제다. 그래서 행동경제학적인 시점에서 DEI를 해설한다.

　그럼 제1절인 <'자기 이해·타인 이해'와 행동경제학>을 시작하기
전에 여기서 퀴즈 하나를 낸다.

다음 두 개의 메시지는 선크림의 광고 카피다. 당신은 어느 카피를 더 매력적으로 느끼는가?

· 메시지 A

"당신이라면 할 수 있다. A→B→C의 순서로 매우 간단하다. 선크림 용기를 치약 옆에 두고 매일 아침 바르기만 하면 된다."

· 메시지 B

"연구에 의하면 이 선크림은 가령 햇볕에 짧은 시간만 노출된다 해도 노화, 햇볕 그을림, 피부암 예방에 탁월한 효과를 발휘한다."

당신은 어느 카피에 마음이 더 끌렸는가? 이것은 사실 당신의 성격 특성을 알아보기 위한 테스트 같은 것이었다.

결론부터 말하면 메시지 A를 선택한 사람은 '촉진초점'이라 불리는 타입, 메시지 B를 선택한 사람은 '예방초점'이라 불리는 타입이다. 각각 어떤 타입일까? 이번 절에서는 '자기 이해·타인 이해'와 행동경제학을 주제로 해설한다.

자기 이해·타인 이해는
강력한 무기가 된다

전통적인 경제학의 원칙으로는 인간은 모두 같다. 왜냐하면 합리적인 의사결정을 하고, 합리적인 행동을 하기 때문에 단 하나의 정답으로 집약된다……. 최대한 단순화하면 이런 이론이 된다.

이에 비해 인간은 항상 합리적이라고는 할 수 없다고 생각하는 행동경제학에서는 인간은 각자 다르다. 모두 다른 '인지의 버릇'을 갖고 있고, 같은 '인지의 버릇'이라도 그것이 강하기도 하고 약하기도 하고, '상황'이나 '감정'에 의해서도 달라진다.

게다가 인간은 시스템 1과 시스템 2의 두 가지를 사용하는데 시스템 1만 사용하는 경향이 있는 사람과 시스템 2의 사용빈도가 높은 사람이 있다.

행동경제학에 근거하여 이런 경향을 분석해서 성격 진단 서비스를 제공하는 테크 기업이 있다. 내가 고문을 맡고 있고, '인간의 비합리성'을 좀 더 전문적으로 수치화하는 서비스가 메인인 회사다.

- 어느 쪽인지 말하면 걱정되는 것은 '손실', 아니면 '이익'?
- 자기와 다른 사람들을 비교했을 때 일이나 개인적으로 주위의 높은 평가를 받는 것은 누구?
- 당신이 리스크를 무릅쓴다면 어떤 것?

이런 설문에 대답하다 보면 자신의 성격이나 돈과 관련된 행동이 진단되고, 어떻게 의사결정하고, 행동하는지가 수치화되는 서비스를 개시했다.

영어판을 릴리스했더니 다행히도 큰 호평을 받으며 클라이언트인 증권회사로부터 "자기 이해가 된 고객(투자자) 사이에서는 투자 상품에 대한 관심도가 30%나 향상했다. 자기를 이해함으로써 어느 투자가 자신에게 좀 더 맞는지 이해할 수 있었다고 호평했다. 또 우리도 고객을 깊이 이해하게 되었고, 고객 대응도 개선되었다."라는 보고도 들어왔다.

자기 이해와 타인 이해가 깊어지면, 자신이나 타인이 어떻게 의사결정을 하고, 그것이 어떤 행동으로 이어지는지 알 수 있다. 그것을 살리면 비즈니스나 사생활에서도 자신을 높이는 데 도움이 될 것이다. 게다가 '앞으로 자신은 어떻게 살아가야 하는가'라는 철학적인 과제에도 적극적으로 대처할 수 있게 될 것이다.

타입 ①　'촉진초점'인가 '예방초점'인가?

에필로그의 퀴즈에도 나온 자기와 타인의 이해에 빼놓을 수 없는 행동경제학의 이론은 '제어초점 이론(Regulatory Focus Theory)'이다.

컬럼비아 대학교의 심리학자 E. 토리 히긴스가 제창한 것으로 1997년에 발표된 이래 수천 편의 관련 학술 논문이 나올 정도로 주목받고 있다.

제어초점 이론을 간단히 설명하면 인간이 목표를 달성할 때의 동기에는 크게 '촉진초점(Promotion Focus)'과 '예방초점(Prevention Focus)', 이 두 가지가 있다는 것이다.

예를 들어 새로운 프로젝트를 맡았다면…….

- 촉진초점: 성공하고 싶어서 열심히 한다
- 예방초점: 책임자로서 실패하고 싶지 않아서 열심히 한다

어느 것이나 '일을 열심히 한다'는 행동 자체는 같지만, 촉진초점은 '이렇게 되고 싶어서 열심히 한다'는 '현재보다도 상승하고자 하는 동기'다.

촉진초점인 사람은 인생에서 하고 싶은 것이나 성공한 미래에서 동기를 얻는다. 성장, 발전이나 승진에 대한 욕구가 있고, 동기 마련은 대개 적극적인 결과 추구나 목표 달성.

의사결정의 과정에서는 낙관적이고, 위험을 무릅쓰는 것을 두려워하지 않고, 창조적인 경향이 있다. 기회나 가능성에 주목하고, 이익을 최대화하는 것에 내몰린다. 참고로 나는 촉진초점이다.

이에 비해 예방초점은 '이렇게 되고 싶지 않다'는 '현재의 상태보다도 하강하고 싶지 않은 동기'다. 자신이 해야 할 일이나 책임을 다하는 것이 동기 부여라 할 수 있을 것이다.

안전, 안심이나 안정을 추구하는 것이 특징이고, 부정적인 결과를

피하고 현상을 유지하는 것이 동기 마련이 된다.

의사결정의 과정에서 한층 더 신중하거나 꼼꼼하고, 의무나 책임을 우선하며, 위험을 피하는 경향이 있고, 좀 더 잠재적인 위협이나 위험성에 주목하고, 손실을 최소한으로 억제하려고 한다.

어느 것이 옳다는 것이 아니다. 자신이 촉진초점인지 예방초점인지를 알아두면 의사결정이나 행동의 경향을 이해할 수 있다. 또 고객이나 상사·동료가 촉진초점인지 예방초점인지를 이해함으로써 어떻게 교류하면 되는지가 보이게 된다.

예를 들어 촉진초점인 부하 직원은 "이렇게 하면 좀 더 좋은 결과가 나올걸세."라고 격려하고, 예방초점인 부하 직원에게는 "이렇게 하면 실패하지 않을걸세."라고 조언하면 좀 더 이야기를 쉽게 받아들일 것이다.

타입 ② '최대화'인가 '만족화'인가?

행동경제학에서는 의사결정 접근 방식을 크게 두 가지로 나누고 있다. 그것은 '최대화'와 '만족화'이다.

예를 들면 다음의 휴가 일정을 세울 때……

- 최대화: 시간을 두고 철저하게 조사한다
- 만족화: 인기 톱10에 들어가는 관광지 중에서 적당하게 돌아다 닌다

  최대화 타입(별명: 맥시마이저)은 최선의 선택을 하려고 광범위한 정보수집을 하고, 모든 선택지를 하나씩 꼼꼼히 검토한다. 결과적으로 자기도 모르는 사이에 하나하나의 의사결정에 꽤 많은 시간을 들이는 경향이 있다.

  또 일단 결심하고도 망설이는 경우가 많고, '더 나은 선택지도 있지 않을까?' 하고 결심한 후에 다시 정보수집을 재개하는 경우도 있다. 항상 최선의 선택지를 찾아다니는 것에 의해 생각이 너무 많아서 결단을 내리지 못하거나 신속한 대응이 필요한 일에 서툰 사람도 많다. 또 최고의 결정만을 너무 추구한 나머지 잘못된 선택을 하는 것에 대한 불안으로 이어지는 경우도 있다. 참고로 나는 일할 때는 최대화이지만, 개인적으로는 만족화의 경향이 있다.

  이에 비해 만족화 타입(별명: 새티스파이저)이 의사결정의 과정에서 우선시하는 것은 쉬움과 효율이다. 즉, 어느 정도의 니즈를 충족시키는 선택지를 찾으면 그 시점에서 정보수집을 그만두고 그중에서 직감에 의존하거나 혹은 조금 '적당하게' 선택지를 고른다. 또 일단 결정하면 망설이는 경우는 적고, 매번의 결정마다 시간이 걸리지 않고 신속하게 의사결정을 할 수 있다. "반드시 베스트는 아니지만, 기본적인 니

즈를 충족시키고 있다."라는 한결 편하고 현실적인 선택지로 만족한다
는 특징이 있다.

타입 ③   '낙관'인가 '후회 회피'인가?

단골 카페의 바로 옆에 새로 카페가 생겼다고 하자. 카페치고는 조금
비싼 편이지만 맛있어 보이는 메뉴가 제법 보인다. 자, 당신이라면…….

1. '분명 맛있을 거야.'라고 새 카페의 메뉴에 도전해본다
2. 맛없을지도 모르는 것에 돈을 지불하고 싶지 않으니 평소 애용하
   는 단골 카페로 간다

만약 당신이 1을 선택했다면 분명 '낙관 편향'이 높은 사람일지 모른
다. 모든 일이 순조로울 것이라고 생각하는 경향이 강하고, 또 기본적
으로 자신의 미래가 평균적인 인간의 미래보다도 좋아진다, 혹은 통계
적인 수치보다 좋아진다고 믿는 경향이 있다.

그로 인해 종종 과도하게 낙관적인 계획을 세우거나 의사결정을 하
기도 한다. 또 낙관적이므로 사업적인 기회에 대해 좀 더 많은 리스크
를 감수하는 경우도 있을 것이다. '모든 일이 잘된다.'라고 믿는 경향
이 강하기 때문에 좌절로부터의 회복력도 높다고 한다.

반대로 2를 선택한 사람은 '후회 회피 편향'이 높은 사람일지도 모른다. 후회 회피 편향이 높은 사람은 잠재적인 이익이 들인 비용보다 많다 해도 후회할 가능성이 있는 결단은 피하려고 한다.

즉, 지금의 단골 카페보다 더 좋은 카페를 찾을지도 모르지만, 새 카페에 가서 후회하고 싶지 않으므로 리스크가 적은 의사결정을 하는 경향이 있다. '성공 가능성'보다도 '후회 회피'를 우선시하므로 과도하게 신중하고 보수적인 결정을 하고, 그 결과 기회를 놓치거나 목표를 달성하지 못하는 경우도 있다.

이상의 세 가지 타입은 자기 그리고 타인을 좀 더 깊게 이해하기 위해 도움이 되는 개념으로서 학술적인 연구가 이루어지고 있다. 물론 이것들이 행동경제학의 전부라고는 할 수 없다. 인간이란 좀 더 복잡한 존재다. 복잡한 존재이기에 그것을 아는 단서로서 세 가지 타입을 활용하길 바란다.

'지속 가능성'과 행동경제학

'넛지 이론'으로
호텔 타월의 재이용률을 높여라!

지구 온난화 등, 환경 문제의 해결은 지속 가능한 사회에 불가결하다. 어떻게 행동을 바꿔가면 되는지, 행동경제학에 근거한 대응이 이미 시작되고 있다.

예를 들면 호텔에 숙박할 때 매일 새 타월로 교환하는 것이 아니라며 칠 동안 재이용하도록 권장하여 절수 대책이나 환경 오염에 미치는 영향을 줄이기 위한 넛지. 어떤 메시지를 전하면 게스트의 의사결정에 영향을 주어 환경에 이로운 행동을 하도록 종용할 수 있을까?
캘리포니아 대학교 로스앤젤레스 캠퍼스의 노아 골드스타인 등의 실험을 통해 알아보자.

• 메시지 1: 환경보호에 협조를 구합니다!

"게스트 여러분께. 호텔에 머무시는 동안 같은 타월을 재이용하는 것으로 자연에 대한 경의와 환경을 보호하는 자세를 보여주십시오."

• 메시지 2: 환경보호의 일원으로 동참해주십시오!

"게스트 여러분께. 2003년 가을의 조사에서는 당 호텔의 환경보호 프로그램에 찬성한 약 75%의 게스트가 호텔에 머무는 동안 타월을 재이용했습니다. 당신도 꼭 타월 재이용을 통해 환경보호의 일원이 되어주십시오."

• 메시지 3: 환경보호의 일원으로 동참해주십시오!

"게스트 여러분께. 2003년 가을의 조사에서는 이 객실(##호실)에 숙박한 게스트의 약 75%가 호텔에 머무는 동안 타월을 재이용하는 것으로 환경보호 프로그램에 동참했습니다. 당신도 꼭 타월 재이용을 통해 환경보호의 일원이 되어주십시오."

보다시피 첫 메시지는 다른 게스트의 데이터를 명시하지 않고 협조를 구하는 내용이다. 메시지 2는 '75%의 게스트가 호텔에 머무는 동안 타월을 재이용했다.'라고 말한 후에 '일원으로 동참해달라'는 내용스로 되어 있다. 그리고 메시지 3는 '그 일원'이 '전에 당신의 객실에 묵은 사람'이라고 구체적으로 특정했다.

　그 외에도 메시지 2의 표현을 조금 바꿔서 투숙객을 '게스트'가 아니라 '시민'이라 부른 메시지 4나 남녀 별도의 타월 재이용률을 명시한 메시지 5도 있었다.

　자, 어느 것이 가장 효과적이었을까?

　가장 효과가 낮았던 것은 다른 게스트의 데이터를 명시하지 않은 메시지 1으로 타월 재이용률은 37.2%였다. 다음은 다른 게스트의 데이터를 명시하고 호소한 타월 재이용률이 44.0%였던 메시지 2. 또 투숙객을 '게스트'가 아닌 '시민'이라고 부른 메시지 4나 남녀 별도의 타월 재이용률을 명시한 메시지 5도 메시지 2와 거의 같은 재이용률을 보였다.

　이들 세 개의 메시지가 메시지 1보다 효과적이었던 것은 다른 게스트의 데이터를 명시하여 사회 규범을 제시했기 때문이다. 즉, 주위의 타인이 취하는 행동이 그 상황에서의 적절한 행동 기준이라고 시사한 후에 '함께 환경을 지킵시다.'라는 메시지를 전하면 더욱 효과적이라는 것이다.

　그런데 마찬가지로 사회 규범을 제시한 세 번째 메시지가 재이용률이 가장 높아서 49.3%였다. 그것은 단지 "많은 사람이 재이용했다."
라고만 말한 것이 아니라 '당신의 객실에 투숙한 사람'이라고 특정하
여 '당신과 같은 사람이' 재이용했다고 함으로써 효과가 더 높았던 것
이다.

이처럼 문장을 살짝 바꾸기만 해도 체계적으로 도입하면 지속 가능
성의 관점에서뿐만 아니라 경비 절약의 측면에서도 매우 좋은 영향을
미친다는 것은 전 세계에서 행동경제학이 요구되고 있는 한 원인일 것
이다.

이러한 '약간의 차이'를 도입하고 있는 것은 호텔의 타월 재이용뿐
만 아니라 재생 가능 에너지의 도입에도 이용하고 있는 사례 연구가
있다. 앞서 뉴스 사이트에 등록하려면 체크 박스가 마련되어 있다는
이야기를 했는데, 그런 디폴트 효과를 활용한 사례 연구다.

독일의 에너지 회사와
'디폴트 효과'

독일에서 전국적인 유통망을 갖추고 있는 에너지 회사는 웹페이지
를 방문한 신규 계약 4만 1,952세대가 재생 가능한 자원을 사용하는
지 사용하지 않는지를 결정할 때 두 종류의 디폴트를 사용하여 실험을
했다.

- 그룹 1: '재생 가능 에너지 사용'의 체크 박스가 선택되지 않았다
- 그룹 2: '재생 가능 에너지 사용'의 체크 박스가 사전에 선택되어 있다

즉, 그룹 1에 속한 사람들이 디폴트인 채라면 재생 가능한 그린에너지 사용을 계약하지 않게 된다.

디폴트 효과에 의해 재생 가능 에너지를 선택한 것은 그룹 2 쪽이 압도적으로 많은데, 재생 가능 에너지를 사용하는 계약 수가 그룹 1의 10배 가까이 되었다.

행동경제학으로
'월드컵 44만 경기분'의 전력을 절약

여기서는 캘리포니아주에 설립된 에너지 절약 지원 서비스 제공 업체 오파워사의 행동경제학을 활용한 대응에 대해 살펴본다.

오파워는 프롤로그에서 이야기한 CBO라는 직위를 마련하여 그 CBO인 존 발츠의 지도로 비즈니스에 사회 규범 이론을 활용하고 있다. 전기 회사인 고객에게 홈 에너지 리포트(HER)를 통해 자택의 에너지 사용량을 지역의 유사 가정과 비교한 정보를 제공하여 에너지 절약 행동을 유도하고 있다.

"당신 가정의 에너지 사용량은 얼마나 됩니까?"

평균보다 월등히 적어서 우수(방긋 웃는 얼굴의 스마일 페이스), 대체로 평균인 양호(살짝 미소 짓는 스마일 페이스), 평균보다 많다(표정이 거의 없는 얼굴 문자)라는 세 가지 마크로 평가하고, 또 가장 '에너지 효율이 좋은 이웃'을 강조. 이 리포트로 에너지 효율화의 사회 규범이 생겼고, 에너지 소비량의 감소로 이어졌다.

이 리포트에 의해 창업 후 첫 2년 동안 누계 20억 달러의 절약에 성공. 2007년 이래 1,700만 가구 이상의 미국 가정에 이 리포트를 배포하고 있고, 총합 약 110억kW의 에너지를 절약했다. '그게 어느 정도야?'라고 확실하게 와 닿지 않는다는 사람도 많다고 생각하는데, 10억kW가 월드컵 축구 4만 경기의 경기장 전력에 상당하니까 정말 엄청난 수치라 할 수 있을 것이다.

자신의 집과 이웃집의 정보를 알기 쉽게 표시하고, 한 집 한 집에 맞춘 개인적인 정보를 제공한다는 접근 방식은 에너지 절약 행동을 촉구하는 도구로서의 사회 규범의 위력을 실증했다. 이것은 지금도 계속되고 있는데 행동경제학이 지속 가능성에 도움이 되는 한 예라 할 수 있다.

지금까지는 세 가지 사례를 통해 행동경제학을 어떻게 지속 가능하게 응용하여 에너지 절약 대책 등에 활용하는지를 살펴보았다.

비즈니스맨이 갖춰야 할 교양으로서 사회 문제에 대해 언급할 수 있는 능력도 분명 필요할 것이다. 이것을 계기로 꼭 '지속 가능성' 외의 사회 문제에 대해서도 행동경제학을 어떻게 응용할 수 있는지를 생각해보길 바란다.

'DEI'와 행동경제학

이 책에서 말해왔듯이 '인지의 버릇'을 지닌 인간에게는 많은 편향이 있다. 효율적으로 정보를 인지하고 해석하여 의사결정을 하고, 그에 따른 행동을 할 수 있는 것은 시스템 1 덕분이고, 이는 살아가는 데 있어서 필요한 것으로 비합리적인 인간의 있는 그대로의 모습이라 할 수 있다. 그러나 시스템 1을 기초로 한 개개인의 사소한 의사결정이 쌓여 DEI와 같은 거시적인 사회 문제로도 발전한다.

DEI의 시작은
인지의 버릇을 이해하는 것부터

DEI란 다양성(Diversity)과 공평성(Equity)과 포괄성(Inclusion)의 머리

글사를 난 개념이다. 이것들을 실현시키기 위해서는 어떻게 하면 될까? 이것은 지금 일본에서도 활발하게 논의되고 있는 화제일 것이다. 특히 일본의 성차별 지수는 주요국에서 최하위인 146개국 중 116위. 그래서 이번엔 일본에서 지금 가장 화제가 되고 있는 여성에 대한 DEI를 중심으로 이야기하겠다.

미국에서도 지금 새로운 분야로 주목받고 있고, 나도 이 책을 집필하는 동안 100명에 가까운 CEO의 모임에 초대되어 DEI에 대해 행동경제학의 관점에서 기조 강연을 했다.

미국에서는 대부분의 회사가 이전에 비해 관리직 여성의 비율이 늘어나는 등 여성이 활약하기 쉬워진 회사가 많아졌다. 기조 강연에 불러주신 이 업계의 회원사도 마찬가지이지만, '여성이 늘어도 여전히 백인 중년 남성 중심의 직장을 좀처럼 바꿀 수 없다.'고 고민하는 것으로 보인다. 즉 다양성은 향상했지만, 포괄성은 좀처럼 바뀌지 않는다는 것이 현상인 것 같다.

또 기조 강연 전의 사전 미팅에서는 대부분의 관리직 남성들로부터 "DEI를 좀 더 적극적으로 추진하고 싶다. 하지만 어떻게 해야 되는지 모르겠다."라는 말을 들었다.

그래서 행동경제학의 관점에서 '그것은 왜 그럴까?'를 이해하고, 그것을 해결하는 데 도움이 되고자 했던 것이다.

앞서 말했듯이 인간에게는 여러 가지 편향이 있고, 그것이 DEI를 방해하고 있다.

특히 주목해야 할 것이 '디폴트 효과'다. 지금까지 백인 남성 중심이었던 조직이라면 모든 일에서 '백인 남성 중심'이 디폴트가 되어버리고, 또 현상 유지 편향도 작용하므로 한번 디폴트가 되어버린 것을 바꾸기란 쉽지 않다. 그럴 때는 우선 크리티컬 싱킹(비판적 사고)으로 자신들의 디폴트 효과에 의한 편향을 인지하는 것이 필요하다.

여기까지는 이해하기 쉬울지도 모른다. 그러나 포괄성을 높이기 위해서는 기본적으로, 혹은 의식적으로 모든 것을 다시 한번 살펴보는 것이 중요하다. 하지만 시스템 1이 있는 탓에 바꾸기는 쉽지 않다. 사소한 것도 '지금까지는 ○○○해왔는데, 왜 그랬지? 정말로 그것이 최적일까?'라고 지금까지의 '당연함'을 바꾸는 것에 도전하는 것이 중요하다.

그리고 그것으로 '현상대로는 최적이 아닐지도 몰라.'라는 판단이 나오면, 다음엔 앵커링 효과를 피하는 노력을 해야 한다. 즉, '지금의 상황을 어떻게 개선하면 될까?'라는 생각이 들면 '지금의 상황'에 고정되어서 결국엔 지금까지와 별반 다르지 않은 개선이 되어버린다.

서장에서 말한 종이에서 전자 사인으로 이행할 때처럼 자기도 모르게 단점으로만 시선이 갈 수도 있을 것이다. 그럴 때는 가능한 한 처음부터 '여성을 중심으로'라고 근본적인 변혁을 하면 더 획기적인 아이디어가 나온다.

앞의 기조 강연을 할 때는 "만약 이런 경영진의 모임을 '지금의 상태에서 개선하는' 것이 아니라 여성이 여성의 시선으로, 그리고 여성을 위해 계획·운영한다면 어떤 식이 될 것으로 생각합니까?"라고 묻고 실제로 브레인스토밍을 하게 했다.

물론 그것을 실제로 모두 실현해야 하는 것은 아니다. 그러나 처음부터 다시 생각하는 것에 의해 지금까지 보지 못한 새로운 분야나 해결법을 발견하는 기회가 되고, 앞으로 여러 가지를 검토할 때의 참고가 될 것이다.

참고로 이것은 개인적인 견해이지만, 미일 양국의 문화를 경험해온 결과, 특히 일본은 디폴트 효과가 높은 것으로 여겨지므로 '처음부터 생각해본다'는 것은 유용한 수단이라고 여겨진다.

'진리의 착오 효과'도 지금까지의 문화를 바꾸는 데 영향을 준다. 예를 들면 '여성은 ○○', 'LGBTQ인 사람은 ○○'이라고 뉴스나 동료와의 대화에서 몇 번에 걸쳐 계속 듣다 보면 자신이 믿지 않아도 그런 의견이 '여러 번 들어 익숙해진 생각'이 되어 자칫 그것이 맞는 것처럼 착각하고 만다.

또 여러 번 들어 익숙해진 개념은 그것이 '사회 규범'이 되어 많은 사람에게 영향을 준다. 미국을 예로 들면 '여성은 회의 때 의견을 별로 내지 않는다.'라는 개념. DEI가 진행되고 있는 미국이지만, 그런 데이터도 나와 있으니 '복잡한 요소가 얽힌 많은 회사의 심각한 문제'라는 기사를 볼 때도 있다.

미국에서 일하면 성별과 관계없이 리더십은 중요한 문제로 "확실하게 의견을 내지 못하는 사람은 회의에 나오는 의미가 없다."라는 말까지 할 정도라고 한다. 그런 환경 속에서 일하는 나는 개인적으론 동의할 수 없는 개념이지만, 사실은 최근까지 일하면서 무의식적으로 이 개념에 영향을 받고 있다는 것을 깨달았다. 그 속에서 자신의 무의식적인 편향을 바꾸는 것은 상당한 의식개혁과 노력이 필요하다.

이처럼 '자주 듣는 말이면 믿지 않아도 영향력이 있다'는 진리의 착오 효과를 피하고, 올바른 '규범'을 만들어내기 위해 나는 가능한 한 영감을 얻을 수 있는 정보를 의식적으로 보려고 한다.

"좋다 나쁘다가 아니라 현실적으로 우리 인간에게는 이러한 인지의 버릇이 있는 것을, 우선 이해해주십시오. 이해하는 것으로부터 모든 것이 시작됩니다."

강연할 때 내가 종종 하는 말이다. '어떻게 개선해야 할까?' 하고 대책을 생각하기 전에 '왜 그렇게 되었는지', 인간의 의사결정과 행동을 이해해야 한다는 뜻이다.

"그 아이는 내 아들이야. 난 수술할 수 없어."

한 남성이 아들을 데리고 병원으로 뛰어 들어왔다. 긴급 수술이 필요해서 당직의가 뛰어왔다. 당직의는 남자아이의 얼굴을 본 순간 소리쳤다.

"그 아이는 내 아들이야. 난 수술할 수 없어."

이 상황에 위화감을 느꼈는가? 만약 위화감을 느꼈다면 그것이 당신의 젠더 편향이다.

남자아이에게는 데리고 온 아버지가 있는데, 당직의도 "내 아들이다."라고 말한 것을 부자연스럽게 느끼는 것은 '의사＝남성'이라는 카테고리화가 되어 있기 때문이다.

이미 눈치챘겠지만, 당직의는 환자의 어머니(또는 또 다른 아버지)다.

일본에서도 최근에 사립대 의학부가 남성 수험자를 우선하여 입학

시키고 있었다는 것이 발각되어 비난이 쏟아졌다.

유능한 의사가 될 재능이 있고 노력을 아끼지 않는 사람이 '여성'이라는 이유만으로 의사가 되는 기회를 잃는다. 의료 기관의 종사자 부족이 사회 문제가 되는 지금, 참으로 안타까운 일이 아닐 수 없다.

물론 의료 업계 외에도 카테고리화는 있다. 날카로운 비즈니스 감각과 리더십을 갖춘 사람이 '여성'이라는 이유만으로 좀처럼 중요한 업무를 맡지 못한다. 또는 육아 지원이 지지부진한 상황 속에서 아이를 좋아하고 육아 교육에 대한 책임감이 강한 사람이 '남성'이라는 이유만으로 보육교사로서 좀처럼 신뢰를 받지 못한다.

또 어펙트 이론에서 보면 카테고리화되는 것에 의해 인간은 귀중한 업무 경험이 되는 기회를 잃을 뿐만 아니라 본래 지니고 있는 능력을 발휘하기 어려워진다. 인간은 "당신이라면 할 수 있어!"라고 신뢰를 받는 것에 의해 더욱 성장하는 존재다. 반대로 '나는 ○○이니까 도저히 신뢰를 받을 수 없어.'라고 생각하는 것에 의해 의욕이 꺾이고, 아쉬운 결과를 낳게 된다.

혁신적인 전 세계 기업과도 대등하게 경쟁할 수 있도록 일본의 모든 사람의 모든 능력이 카테고리화에 빠지지 않고 효과적으로 활용되어야 할 것이다.

산업계의 노동자 부족을 호소하는 목소리가 높고, 장기적인 경제 침체가 우려되고 있는 상황에서 이러한 개개인의 편향이 쌓여서 '능력

손실'까지 일어나고 있는 것은 정말이지 안타까운 일이다. 그러나 반대로 말하면 편향을 피해 다양한 사람을 고용하고 키울 수 있는 회사는 평소 보지 못하고 놓친 많은 유능한 사람을 자사로 끌어올 수 있는 것이다.

영화 주인공에 변화가 나타나고 있는 이유

의사나 교수와 마찬가지로 남성 우위인 음악계에서 미국의 어느 오케스트라에서는 여성 연주자가 적은 것이 문제시되었다. 심사위원은 "남녀차별 같은 건 없어요."라고 말하지만, 그것은 카테고리화 편향이 무의식 속에 있다는 것을 나타낸다.

그래서 행동경제학적으로 '상황'을 바꾸기로 했다. 연주자 오디션을 할 때 장막을 치고 연주하게 했다. 즉, 사람을 보지 않고 음색만으로 바이올리니스트나 첼리스트 등을 선발한 것이다. 그 결과 1970년에는 전체의 5% 이하였던 여성이 1997년에는 25%가 되었다.

젠더 편향이 능력에 근거한 합리적인 것이 아니라는 것이 증명된 셈이다.

또 카테고리화를 줄이는 해결책의 하나로 미국에서는 '대표의 중요성(Representation Matters)'이 화제가 되고 있다.

예를 들면 영화 주인공에 흑인이나 아시아계, 히스패닉 배우를 캐스팅한다. 그렇게 하면 '히어로=백인'이라는 고정관념은 점차 사라진다. 흑인, 아시아계, 히스패닉 등의 아동이나 청소년은 '자기와 같은 히어로도 있다!'라고 느끼게 될 것이다. 또 미국에는 사회에서 활약하는 연구자나 엔지니어를 소개할 때 의식적으로 여성을 중심으로 하는 프로그램 등도 있다.

엔터테인먼트 업계에 한정되지 않고 회사에서도 여성 임원이나 경영진을 늘리는 것에 의해 다른 여성뿐만 아니라 남성의 '경영진은 남성이 된다.'라는 카테고리화도 줄일 수 있다. 또 예를 들어 사원 모집 웹사이트에 여성이나 성적 소수자를 좀 더 적극적으로 기용하는 등 산업계에서 할 수 있는 '구조적인 편향의 변혁'도 있을 것이다.

이 책을 집필하는 중에 도쿄 대학교가 교수 임기를 쿼터제로 하고 여성 교수를 25%로 늘린다는 소식을 들었다. 이것은 '형식만 도입했을 뿐'이라는 비판도 있지만, '교수=남성'이라는 카테고리화 문제의 감소에는 효과적일 것이다. 또 거시적 관점에서 봐도 '연구자=남성'이나 '커리어 지향=남성'이라는 카테고리화도 감소할 수 있을 것이다.

'Representation Matters'가 DEI에 중요한 것은 카테고리화의 감소뿐만이 아니다. 확장-구축 이론에서도 말한 대로 '자기와 같은 히어로'를 봄으로써 동기 부여가 올라가고 긍정적인 어펙트가 생겨서 능력·활력·의욕이 높아진다.

다른 하나는 리스크 이론과 관련되어 있다. 즉, 인간은 '눈에 익숙하지 않은 것=리스크가 높다'고 생각해버린다고 밝혀진 것이다. 예를 들어 여성이 중요한 프로젝트의 팀장으로서 책임을 다하고 있는 것을 본 적이 없는 여성 신입사원이 있다고 하자. 그 여성 신입사원은 잠재적으로 '나 같은 사람이 중요한 회의의 진행을 맡는 것은 리스크가 높다.'라고 느낄 것이다. 그러면 기회를 받아도 주저하거나 받아들여도 부정적인 어펙트가 나오거나 필요 이상으로 불안해지곤 한다.

이처럼 행동경제학은 비합리적인 인간의 '인지의 버릇'을 이해하고, 개인으로서 무엇을 할 수 있는지, 또 회사로서, 사회 전체로서 무엇을 할 수 있는지를 생각할 때의 가이던스도 된다.

이러한 편향이 무의식이라고 이해한 후에 DEI를 추진하기 위해 미국에서는 얼굴 사진이 없는 이력서가 일반적이 되었고, 의식이 높은 회사라면 서류 심사에서는 이름이나 나이도 가리곤 한다. 이름으로 성별을 알 수 있고, 또 미국에서는 모국이나 종교 등에 무의식적으로 영향을 받기 때문이다.

1차 심사를 통과하고 면접을 하면 인종이나 성별은 알 수 있겠지만, 적어도 첫 번째 관문에서는 편향을 없애고 심사하려는 대책이다. 이 방법을 도입한 클라이언트 보험회사의 CEO에 따르면 이 방법에 의해

낙하산 입사도 줄어들었고, 훌륭한 인재를 채용할 수 있게 되었다고
한다.

이 책을 통해 우리는 '인지의 버릇' '상황' '감정'의 영향을 받아 비합
리적인 의사결정을 내린다는 것을 이해했을 것이라고 본다. 그러나 이
것들은 인간다움이고, 완전히 배제할 수 없고, 또 그럴 필요도 없다.
중요한 것은 올바르게 이해하고, 좋은 방향으로 활용하는 것이다.

우리에겐 시스템 2도 갖추어져 있으니 스스로에게 물어보자. 이 책
에서 소개한 행동경제학이 어떻게 물으면 되는지를 가르쳐준다.
그렇게 자신을, 주위 사람을, 세상을, 좋은 방향으로 '넛지한다(가볍
게 부추기다)'. 그런 사람이 이 책으로 인해 늘어나는 것이 나의 바람이
기도 하다.

- 자기와 타인을 이해하는 데 빼놓을 수 없는 행동경제학 이론은 '제어 초점 이론'이고, 이것은 '촉진초점'인지 '예방초점'인지를 판별하는 것이다. 자신이 촉진초점인지 예방초점인지를 알아두면 의사결정이나 행동의 경향을 알 수 있다.

- '최대화'인지 '만족화'인지에 따라서도 의사결정이나 행동의 경향을 알 수 있다. '최대화'는 시간을 두고 철저하게 조사한다. '만족화'는 70점이라도 만족하는 타입.

- '낙관 편향'과 '후회 회피 편향'의 정도에 따라서도 의사결정이나 행동의 경향을 알 수 있다. 전자는 '전부 결국엔 잘된다.'라고 믿는 낙관적인 사고방식을 갖고 있고, 후자는 후회를 회피하려는 마음이 강해서 결정을 미루거나 보수적인 선택을 하는 경향이 있다.

- '지속 가능성'이라는 점에서도 다양한 분야에서 행동경제학이 활용되고 있다.

- DEI의 출발은 인지의 버릇을 이해하는 것. 행동경제학의 관점에서 해결할 수 있는 문제가 많다.

후기

　이사와 전학이 많았던 어린 시절을 보내며 다양한 사람과 문화를 접할 기회가 있었다. 그 속에서 문화의 차이가 인간의 '사고방식'에도 영향을 주고, 또 같은 개인이 문화나 '상황'에 따라 다른 사고방식이나 행동을 하는 것을 몸소 경험했다. 그것은 아직 '행동경제학'이라는 용어조차 모르는 내가 처음으로 '심리학'에 흥미를 갖게 된 계기였다.

　'심리학의 선진국인 미국에서 공부하고 싶다.'라는 마음에 18세 때 일본을 떠난 이래 안타깝게도 일본과 일할 기회는 얻지 못했다. 그러다가 돌연 일본 출판사에서 '책을 써보지 않겠느냐.'라는 제안을 받았을 때는 정말 많이 놀랐다. 20년 이상 영어로만 연구하고 일하는 동안 일본어로 행동경제학에 대해 한 번도 이야기한 적이 없는 내가 제대로 책을 쓸 수 있을 리가 없다……. 그렇게 생각하고 처음에는 거절하려고 했다.

　그러나 혼자서 미국에 왔을 때도 모든 것이 미지의 세계이고, 모든 것이 '처음'이었다. 처음에는 영어도 미숙했기 때문에 사전을 끼고 다니며 수없이 들춰보지 않으면 안 되었다. 1페이지짜리 자료를 읽는 데 1시간이 걸렸으니 울고 싶을 때가 한두 번이 아니었다. 외국인으로서 일하면서 다양한 도전에 어찌할 바를 모를 때도 많았지만, 그래도 주위 사람들에게 도움을 받으며 박사 과정까지 수료하고, 현지 미국에서 회사를 설립해 최고경영자로서 그럭저럭 해왔다.

그런 나의 과거를 돌아보는 동안 일본인으로서 일본에서 자랐지만, 미국에서 행동경제학을 연구하고 행동경제학과 관련해서 일해온 사람이니까 쓸 수 있는 책도 있지 않을까. 그렇다면 미력하나마 '일본의 독자 여러분에게도 행동경제학을 보급하는 데 도움이 되고 싶다.'라고 결의하고 정말로 많은 분의 도움을 받으면서 이 책을 썼다.

이런 귀중한 기회를 준 편집자. 일본에서의 사회 경험이 미천한 나에게도 "사가라 씨만이 쓸 수 있는 책입니다."라고 격려해주었다. 나의 부족한 일본어 실력으로는 이해하기 어려운 부분도 많았겠지만, 항상 적극적으로 서포트해주었다.

그리고 일본어를 모르는데 인터넷 번역 페이지를 이용하여 데스크 리서치를 해준 Evelyn Yau는 창업 이래 내 오른팔이 되어 도움을 주고 있다. 또 가토 세이야 씨는 미국에서 행동경제학을 배우고 일본 회사에서 활동하고 있다는 매우 희귀한 경험을 살려서 일본인도 즐겁게 읽을 수 있는 책을 쓰는 데 많은 도움을 주었다.

또 옛날부터 내가 좋아하는 것을 마음껏 할 수 있도록 배려해주신 일본의 부모님과 가족 모두에게 감사의 마음을 전하고 싶다. 모두 멀리서 지켜봐주고 지지해주었기 때문에 지금까지 해올 수 있었다.

그리고 방대한 집필 시간을 확보하는 데 적극적으로 협력해준 남편에게도 감사의 마음을 전하고 싶다. 항상 나를 아무 조건 없이 지지해주고 격려해줘서 고마워요. 그리고 내가 일할 때면 항상 내 옆에서 얌전하게 낮잠을 자는 오피스 메이트인 애견 닉키에게도 고맙다.

마지막으로 이 책을 끝까지 읽어주신 독자 여러분께도 진심으로 감사의 말씀을 전한다. 이 책을 통해 당신의 세상이 조금이라도 달리 보이게 되었기를 바란다.

서장

1. Denes—Raj, V., & Epstein, S. (1994). Conflict between intuitive and rational processing when people behave against their better judgment. *Journal of personality and social psychology, 66*(5), 819.

2. Kahneman, D., & Tversky, A. (1979). Prospect theory: An analysis of decision under risk. Econometrica, 47(2), 363—391.

3. Kahneman, D. (1991). Article commentary: Judgment and decision making: A personal view. *Psychological science, 2*(3), 142—145.

4. Shiller, R. J. (2015). Irrational exuberance. Princeton university press.

5. Smith, A. (1776). *An inquiry into the nature and causes of the wealth of nations.*

6. Smith, A. (1759). *The theory of moral sentiments.*

7. Thaler, R. H., & Benartzi, S. (2004). Save more tomorrow™: Using behavioral economics to increase employee saving. *Journal of political Economy, 112*(S1), S164—S187.

8. King, B. (2022, January 13). *Those who married once more likely than others to have retirement savings.* Census.gov. Retrieved from https://www.census.gov/library/stories/2022/01/women—more—likely—than—men—to—have—no—retirement—savings.html

9. Nickerson, D. W., & Rogers, T. (2010). Do you have a voting plan? Implementation intentions, voter turnout, and organic plan making. *Psychological Science, 21*(2), 194—199.

10. Nickerson, D. W., & Rogers, T. (2014). Political campaigns and big data. *Journal of Economic Perspectives, 28*(2), 51—74.

11. Ghose, S. (2021, January 21). *Behavioral economics: The Entrepreneur's best friend?*. UC Berkeley Sutardja Center for Entrepreneurship & Technology. Retrieved from https://scet.berkeley.edu/behavioral−economics−the−entrepreneurs−best−friend/

12. Shah, A. K., & Oppenheimer, D. M. (2008). Heuristics made easy: an effort− reduction framework. Psychological bulletin, 134(2), 207.

13. Gigerenzer, G. (2008). Why heuristics work. Perspectives on psychological science, 3(1), 20−29.

14. Shiv, B., & Fedorikhin, A. (1999). Heart and mind in conflict: The interplay of affect and cognition in consumer decision making. *Journal of consumer Research, 26*(3), 278−292.

15. Kahneman, D. (2011). *Thinking, fast and slow*. macmillan.

16. Thaler, R. H., Sunstein, C. R., & Balz, J. P. (2013). Choice architecture. *The behavioral foundations of public policy. 25*, 428−439.

17. Johnson, E. J., Shu, S. B., Dellaert, B. G., Fox, C., Goldstein, D. G., Häubl, G., ... & Weber, E. U. (2012). Beyond nudges: Tools of a choice architecture. *Marketing letters, 23*, 487−504.

18. Thaler, R. H., & Sunstein, C. R. (2009). *Nudge: Improving decisions about health, wealth, and happiness*. Penguin.

제1장

19. Frederick, S. (2005). Cognitive reflection and decision making. *Journal of Economic perspectives, 19*(4), 25−42.

20. Kahneman, D. (2011). *Thinking, fast and slow*. macmillan.

21. Tversky, A., & Kahneman, D. (1974). Judgment under Uncertainty: Heuristics and

Biases: Biases in judgments reveal some heuristics of thinking under uncertainty. *science, 185*(4157), 1124−1131.

22. Simon, H. A. (1971). Designing organizations for an information−rich world. *Computers, communications, and the public interest, 72,* 37.

23. Arkes, H. R., & Blumer, C. (1985), The psychology of sunk costs. *Organizational Behavior and Human Decision Processes, 35,* 124−140.

24. Rosenthal, R., & Jacobson, L. (1968). Pygmalion in the classroom. *The urban review, 3*(1), 16−20.

25. Gilovich, T., Vallone, R., & Tversky, A. (1985). The hot hand in basketball: On the misperception of random sequences. *Cognitive psychology, 17*(3), 295−314.

26. Berger, J., & Fitzsimons, G. (2008). Dogs on the street, pumas on your feet: How cues in the environment influence product evaluation and choice. Journal of marketing research, 45(1), 1−14.

27. Strom, S. (2013, September 26). *With tastes growing healthier, McDonald's aims to adapt its menu.* The New York Times. Retrieved from https://www.nytimes.com/2013/09/27/business/mcdonalds−moves−toward−a−healthier−menu.html

28. Jargon, J. (2017, March 1). *McDonald's decides to embrace fast−food identity.* The Wall Street Journal. Retrieved from https://www.wsj.com/articles/mcdonalds−to−expand−mobile−delivery−as−it−plots−future−1488390702

29. Oswald, M. E., & Grosjean, S. (2004). Confirmation bias. *Cognitive illusions: A handbook on fallacies and biases in thinking, judgement and memory, 79.*

30. Wason, P. C. (1960). On the failure to eliminate hypotheses in a conceptual task. *Quarterly Journal of Experimental Psychology, 12*(3), 129−140.

31. Bock, L. (2015). *Work rules!: Insights from inside Google that will transform how you live and lead.* Twelve.

32. Thorndike, E. L. (1920). A constant error in psychological ratings. *Journal of applied*

psychology, *4*(1), 25−29.

33. Hasher, L., Goldstein, D., & Toppino, T. (1977). Frequency and the conference of referential validity. *Journal of verbal learning and verbal behavior*, *16*(1), 107−112.

34. Brashier, N. M., Eliseev, E. D., & Marsh, E. J. (2020). An initial accuracy focus prevents illusory truth. *Cognition*, *194*, 104054.

35. Freedman, J. L., & Fraser. S. C. (1966). Compliance without pressure: the foot−in−the−door technique. *Journal of personality and social psychology*, *4*(2), 195.

36. Bazerman, M. H., Curhan, J. R., Moore, D. A., & Valley, K. L. (2000). Negotiation. *Annual review of psychology*, *51*(1), 279−314.

37. Tversky. A., & Kahneman, D. (1981). The framing of decisions and the psychology of choice. *science*, *211*(4481), 453−458.

38. Hogarth, R. M. (1987). *Judgement and choice: The psychology of decision*. John Wiley & Sons.

39. Thaler, R. (1985). Mental accounting and consumer choice. *Marketing science*, *4*(3), 199−214.

40. Nordgren. L. F., Harreveld, F. V., & Pligt, J. V. D. (2009). The restraint bias: How the illusion of self−restraint promotes impulsive behavior. *Psychological science*, *20*(12), 1523−1528.

41. Lakoff, G., & Johnson, M. (1980). Conceptual metaphor in everyday language. *The journal of Philosophy*, *77*(8), 453−486.

42. Lakoff, G., Johnson, M., & Sowa, J. F. (1999). Review of Philosophy in the Flesh: The embodied mind and its challenge to Western thought *Computational Linguistics*, *25*(4), 631−634.

43. Laird, J. D. (1974). Self−attribution of emotion: the effects of expressive behavior on the quality of emotional experience. *Journal of personality and social psychology*, *29*(4), 475.

44. Williams, L. E., & Bargh, J. A. (2008). Experiencing physical warmth promotes interpersonal warmth. *Science, 322*(5901), 606−607.

45. Peracchio, L. A., & Meyers−Levy, J. (2005). Using stylistic properties of ad pictures to communicate with consumers. *Journal of Consumer Research, 32*(1), 29−40.

46. Meyers−Levy, J., & Peracchio, L. A. (1992). Getting an angle in advertising: The effect of camera angle on product evaluations. *Journal of marketing research, 29*(4), 454−461.

47. Van Rompay, T. J., & Pruyn, A. T. (2011). When visual product features speak the same language: Effects of shape−typeface congruence on brand perception and price expectations. *Journal of product innovation management, 28*(4), 599−610.

48. Sundar, A., & Noseworthy, T. J. (2014). Place the logo high or low? Using conceptual metaphors of power in packaging design. *Journal of Marketing, 78*(5), 138−151.

49. Frederick, S., Loewenstein, G., & O'donoghue, T. (2002). Time discounting and time preference: A critical review. *Journal of economic literature, 40*(2), 351−401.

50. Laibson, D. (1997). Golden eggs and hyperbolic discounting. *The Quarterly Journal of Economics, 112*(2), 443−478.

51. Olivola, C. Y., & Sagara, N. (2009). Distributions of observed death tolls govern sensitivity to human fatalities. *Proceedings of the National Academy of Sciences, 106*(52), 22151−22156.

52. Liberman, N., Trope, Y., & Wakslak, C. (2007). Construal level theory and consumer behavior. *Journal of consumer psychology, 17*(2), 113−117.

53. Trope, Y., & Liberman, N. (2010). Construal−level theory of psychological distance. *Psychological review, 117*(2), 440.

54. Buehler, R., Griffin, D., & Ross, M. (1994). Exploring the "planning fallacy": Why people underestimate their task completion times. *Journal of personality and social psychology, 67*(3), 366.

55. Sharot, T. (2011). The optimism bias. *Current biology, 21*(23), R941−R945.

56. Brickman, P., Coates, D., & Janoff—Bulman, R. (1978). Lottery winners and accident victims: Is happiness relative?. *Journal of personality and social psychology, 36*(8), 917.

57. Diener, E., Lucas, R. E., & Scollon, C. N. (2009). Beyond the hedonic treadmill: Revising the adaptation theory of well—being. *The science of well—being: The collected works of Ed Diener,* 103—118.

58. Yeung, C. W., & Soman, D. (2007). The duration heuristic. *Journal of Consumer Research, 34*(3), 315—326.

제2장

59. Sahakian, B., & LaBuzetta, J. N. (2013). *Bad Moves: How decision making goes wrong, and the ethics of smart drugs.* OUP Oxford.

60. Muller—Lyer, F. C. (1889). Optische urteilstauschungen. *Archiv fur Anatomie und Physiologie, Physiologische Abteilung, 2,* 263—270.

61. Bruner, J. S., & Minturn, A. L. (1955). Perceptual identification and perceptual organization. *The Journal of General Psychology, 53*(1), 21—28.

62. Clinedinst, M. (2019). 2019 State of College Admission. *National Association for College Admission Counseling.*

63. Simonsohn, U. (2010). Weather to go to college. *The Economic Journal, 120*(543), 270—280.

64. Simonsohn, U. (2007). Clouds make nerds look good: Field evidence of the impact of incidental factors on decision making. *Journal of Behavioral Decision Making, 20*(2), 143—152.

65. Ebbinghaus, H. (2013). Memory: A contribution to experimental psychology. *Annals of neurosciences, 20*(4), 155.

66. Murdock Jr., B. B. (1962). The serial position effect of free recall. *Journal of experimental psychology, 64*(5), 482.

67. Asch, S. E. (1946). Forming impressions of personality. *The Journal of Abnormal and Social Psychology, 41*(3), 258.

68. Glanzer, M., & Cunitz, A. R. (1966). Two storage mechanisms in free recall. *Journal of verbal learning and verbal behavior, 5*(4), 351 – 360.

69. Mantonakis, A., Rodero, P., Lesschaeve, I., & Hastie, R. (2009). Order in choice: Effects of serial position on preferences. *Psychological Science, 20*(11), 1309 – 1312.

70. Argo, J. J., Dahl, D. W., & Manchanda, R. V. (2005). The influence of a mere social presence in a retail context. *Journal of consumer research, 32*(2), 207 – 212.

71. Deci, E. L. (1971). Effects of externally mediated rewards on intrinsic motivation. *Journal of personality and Social Psychology, 18*(1), 105.

72. Deci, E. L., Koestner, R., & Ryan, R. M. (1999). A meta – analytic review of experiments examining the effects of extrinsic rewards on intrinsic motivation. *Psychological bulletin, 125*(6), 627.

73. Frey, B. S., & Jegen, R. (2001). Motivation crowding theory. *Journal of economic surveys, 15*(5), 589 – 611.

74. Lepper, M. R., Greene, D., & Nisbett, R. E. (1973). Undermining children's intrinsic interest with extrinsic reward: A test of the "overjustification" hypothesis. *Journal of Personality and social Psychology, 28*(1), 129.

75. Spira, J. B., & Burke, C. (2009). *Intel's War on Information Overload: A Case Study.* New York, Basex.

76. Hemp, P. (2009). Death by information overload. *Harvard business review, 87*(9), 82 – 9.

77. Iqbal, S. T., & Horvitz, E. (2007, April). Disruption and recovery of computing tasks: field study, analysis, and directions. In *Proceedings of the SIGCHI conference on Human factors in computing systems* (pp. 677 – 686).

78. Edmunds, A., & Morris, A. (2000). The problem of information overload in business organisations: a review of the literature. *International journal of information management, 20*(1), 17–28.

79. Speier, C., Valacich, J. S., & Vessey, I. (1999). The influence of task interruption on individual decision making: An information overload perspective. *Decision sciences, 30*(2), 337–360.

80. Mark, G., Gudith, D., & Klocke, U. (2008, April). The cost of interrupted work: more speed and stress. In *Proceedings of the SIGCHI conference on Human Factors in Computing Systems* (pp. 107–110).

81. CGMA. (2016, February). *Joining the Dots: Decision Making for a New Era.*

82. Bawden, D., & Robinson, L. (2009). The dark side of information: overload, anxiety and other paradoxes and pathologies. *Journal of information science, 35*(2), 180–191.

83. Farhoomand, A. F., & Drury, D. H. (2002). Managerial information overload. *Communications of the ACM.*

84. Przybylski, A. K., Murayama, K., DeHaan, C. R., & Gladwell, V. (2013). Motivational, emotional, and behavioral correlates of fear of missing out. *Computers in human behavior, 29*(4), 1841–1848.

85. Herman, D. (2000). Introducing short–term brands: A new branding tool for a new consumer reality. *Journal of Brand Management, 7*(5), 330–340.

86. Reutskaja, E., Cheek, N. N., Iyengar, S., & Schwartz, B. (2022). Choice Deprivation, Choice Overload, and Satisfaction with Choices Across Six Nations. *Journal of International Marketing, 30*(3), 18–34.

87. Juran, J. M., & De Feo, J. A. (2010). *Juran's quality handbook: the complete guide to performance excellence.* McGraw–Hill Education

88. Lynch Jr., J. G., & Ariely, D. (2000). Wine online: Search costs affect competition on price, quality, and distribution. *Marketing science, 19*(1), 83–103.

89. Shah, A. M., & Wolford, G. (2007). Buying behavior as a function of parametric variation of number of choices. *PSYCHOLOGICAL SCIENCE — CAMBRIDGE —, 18*(5), 369.

90. Iyengar, S. S., & Lepper, M. R. (2000). When choice is demotivating: Can one desire too much of a good thing?. *Journal of personality and social psychology, 79*(6), 995.

91. Lewis, M. (2012, September 11). *Obama's way*. Vanity Fair. Retrieved from https://www.vanityfair.com/news/2012/10/michael—lewis—profile—barack—obama

92. Cable News Network. (2015, October 9). *This is why geniuses always wear the same outfit...* CNN. Retrieved from https://www.cnn.com/2015/10/09/world/gallery/decision—fatigue —same—clothes/index.html

93. Bloem, C. (2018, March 1). *Successful people like Barack Obama and Mark Zuckerberg wear the same thing every day — and it's not a coincidence*. Business Insider. Retrieved from https://www.businessinsider.com/successful—people—like—barack—obama—wear—the—same—thing—every—day—2018—2

94. Chartrand, T. L., & Bargh, J. A. (1999). The chameleon effect: The perception—behavior link and social interaction. *Journal of personality and social psychology, 76*(6), 893.

95. Murphy, S. T., & Zajonc, R. B. (1993). Affect, cognition, and awareness: affective priming with optimal and suboptimal stimulus exposures. *Journal of personality and social psychology, 64*(5), 723.

96. Mandel, N., & Johnson, E. J. (2002). When web pages influence choice: Effects of visual primes on experts and novices. *Journal of consumer research, 29*(2), 235—245.

97. North, A. C., Hargreaves, D. J., & McKendrick, J. (1999). The influence of in—store music on wine selections. *Journal of Applied psychology, 84*(2), 271.

98. Areni, C. S., & Kim, D. (1993). The influence of background music on shopping behavior: classical versus top—forty music in a wine store. *ACR North American*

Advances.

99. Simonson, I. (1993). Get closer to your customers by understanding how they make choices. *California Management Review, 35*(4), 68 – 84.

100. Hsee, C. K. (1996). The evaluability hypothesis: An explanation for preference reversals between joint and separate evaluations of alternatives. *Organizational behavior and human decision processes, 67*(3), 247 – 257.

101. Hsee, C. K., Loewenstein, G. F., Blount, S., & Bazerman, M. H. (1999). Preference reversals between joint and separate evaluations of options: A review and theoretical analysis. *Psychological bulletin, 125*(5), 576.

102. Johnson, E. J., & Goldstein, D. (2003). Do defaults save lives?. *Science, 302*(5649), 1338 – 1339.

103. Bergman, O., Ellingsen, T., Johannesson, M., & Svensson, C. (2010). Anchoring and cognitive ability. *Economics Letters, 107*(1), 66 – 68.

104. Furnham, A., & Boo, H. C. (2011). A literature review of the anchoring effect. *The journal of socio – economics, 40*(1), 35 – 42.

105. Englich, B., Mussweiler, T., & Strack, F. (2006). Playing dice with criminal sentences: The influence of irrelevant anchors on experts' judicial decision making. *Personality and Social Psychology Bulletin, 32*(2), 188 – 200.

106. Langer, E., Blank, A., & Chanowitz, B. (1978). The mindlessness of Ostensibly Thoughtful Action: The Role of "Placebic" Information in Interpersonal Interaction. *Journal of Personality and Social Psychology, 36*(6), 635 – 642.

107. Dixon, M., & Toman, N. (2010, July 13). *How call centers use behavioral economics to sway customers*. Harvard Business Review. Retrieved from https://hbr. org/2010/07/how – call – centers – use – behaviora

108. Levin, I. P. (1987). Associative effects of information framing. *Bulletin of the psychonomic society, 25*(2), 85 – 86.

109. Levin, I. P., & Gaeth, G. J. (1988). How consumers are affected by the framing of

attribute information before and after consuming the product. *Journal of consumer research, 15*(3), 374−378.

110. Tversky, A., & Kahneman, D. (1981). The framing of decisions and the psychology of choice. *science, 211*(4481), 453−458.

111. Kahneman, D., & Tversky, A. (1979). Prospect theory: An analysis of decision under risk. Econometrica, 47(2), 363−391.

112. Payne, J. W., Sagara, N., Shu, S. B., Appelt, K. C., & Johnson, E. J. (2013). Life expectancy as a constructed belief: Evidence of a live−to or die−by framing effect. *Journal of Risk and Uncertainty, 46*, 27−50.

113. Danziger, S., Levav, J., & Avnaim−Pesso, L. (2011). Extraneous factors in judicial decisions. *Proceedings of the National Academy of Sciences, 108*(17), 6889−6892.

114. Loewenstein, G. (2005). Hot−cold empathy gaps and medical decision making. *Health psychology, 24*(4S), S49.

115. Milkman, K. L., Rogers, T., & Bazerman, M. H. (2010). I'll have the ice cream soon and the vegetables later: A study of online grocery purchases and order lead time. *Marketing Letters, 21*(1), 17−35.

제3장

116. Edmans, A., Fernandez−Perez, A., Garel, A., & Indriawan, I. (2022). Music sentiment and stock returns around the world. *Journal of Financial Economics, 145*(2), 234−254.

117. Johnson, E. J., Hershey, J., Meszaros, J., & Kunreuther, H. (1993). Framing, probability distortions, and insurance decisions. *Journal of risk and uncertainty, 7*(1), 35−51.

118. Kahneman, D. (2003). Experiences of collaborative research. *American*

Psychologist, 58(9), 723.

119. Slovic, P., Finucane, M. L., Peters, E., & MacGregor, D. G. (2007). The affect heuristic. *European journal of operational research, 177*(3), 1333–1352.

120. Finucane, M. L., Alhakami, A., Slovic, P., & Johnson, S. M. (2000). The affect heuristic in judgments of risks and benefits. *Journal of behavioral decision making, 13*(1), 1–17.

121. Zajonc, R. B. (1980). Feeling and thinking: Preferences need no inferences. *American psychologist, 35*(2), 151.

122. Murphy, S. T., & Zajonc, R. B. (1993). Affect, cognition, and awareness: affective priming with optimal and suboptimal stimulus exposures. *Journal of personality and social psychology, 64*(5), 723.

123. Winkielman, P., & Zajonc & Norbert Schwarz, R. B. (1997). Subliminal affective priming resists attributional interventions. *Cognition & Emotion, 11*(4), 433–465.

124. Clore, G. L. (1992). Cognitive phenomenology: Feelings and the construction of judgment. *The construction of social judgments, 10*, 133–163.

125. Clore, G. L., Gasper, K., & Garvin, E. (2001). Affect as information. *Handbook of affect and social cognition*, 121–144.

126. Schwarz, N., & Clore, G. L. (2003). Mood as information: 20 years later. *Psychological inquiry, 14*(3–4), 296–303.

127. Slovic, P. E. (2000). *The perception of risk*. Earthscan publications.

128. Slovic, P., & Peters, E. (2006). Risk perception and affect. *Current directions in psychological science, 15*(6), 322–325.

129. Slovic, P., Monahan, J., & MacGregor, D. G. (2000). Violence risk assessment and risk communication: The effects of using actual cases, providing instruction, and employing probability versus frequency formats. *Law and human behavior, 24*, 271–296.

130. Dickert, S., Sagara, N., & Slovic, P. (2011). Affective motivations to help others. The science of giving: *Experimental approaches to the study of charity*, 161−178.

131. Damasio, A. R. (1996). The somatic marker hypothesis and the possible functions of the prefrontal cortex. Philosophical Transactions of the Royal Society of London. *Series B: Biological Sciences, 351*(1346), 1413−1420.

132. Bechara, A., & Damasio, A. R. (2005). The somatic marker hypothesis: A neural theory of economic decision. *Games and economic behavior, 52*(2), 336−372.

133. Kramer, A. D., Guillory, J. E., & Hancock, J. T. (2014). Experimental evidence of massive−scale emotional contagion through social networks. *Proceedings of the National Academy of Sciences, 111*(24), 8788−8790.

134. Stajkovic, A. D., Latham, G. P., Sergent, K., & Peterson, S. J. (2019). Prime and performance: Can a CEO motivate employees without their awareness?. *Journal of Business and Psychology, 34*(6), 791−802.

135. Fredrickson, B. L. (1998). What good are positive emotions?. *Review of General Psychology, 2*(3), 300−319.

136. Fredrickson, B. L. (2001). The role of positive emotions in positive psychology: The broaden−and−build theory of positive emotions. *American psychologist, 56*(3), 218.

137. Fredrickson, B. L. (2004). The broaden−and−build theory of positive emotions. Philosophical transactions of the royal society of London. *Series B: Biological Sciences, 359*(1449), 1367−1377.

138. Marzilli Ericson, K. M., & Fuster, A. (2014). The endowment effect. *Annu. Rev. Econ., 6*(1), 555−579.

139. Kahneman, D., Knetsch, J. L., & Thaler, R. H. (1991). Anomalies: The endowment effect, loss aversion, and status quo bias. *Journal of Economic perspectives, 5*(1), 193−206.

140. Pierce, J. L., Kostova, T., & Dirks, K. T. (2003). The state of psychological

ownership: Integrating and extending a century of research. *Review of general psychology, 7*(1), 84–107.

141. Pierce, J. L., Kostova, T., & Dirks, K. T. (2001). Toward a theory of psychological ownership in organizations. *Academy of management review, 26*(2), 298–310.

142. Jami, A., Kouchaki, M., & Gino, F. (2021). I own, so I help out: How psychological ownership increases prosocial behavior. *Journal of Consumer Research, 47*(5), 698–715.

143. Brasel, S. A., & Gips, J. (2014). Tablets, touchscreens, and touchpads: How varying touch interfaces trigger psychological ownership and endowment. *Journal of Consumer Psychology, 24*(2), 226–233.

144. Van Dyne, L., & Pierce, J. L. (2004). Psychological ownership and feelings of possession: Three field studies predicting employee attitudes and organizational citizenship behavior. *Journal of Organizational Behavior: The International Journal of Industrial, Occupational and Organizational Psychology and Behavior, 25*(4), 439–459.

145. Gross, J. J. (1998). The emerging field of emotion regulation: An integrative review. *Review of general psychology, 2*(3), 271–299.

146. Gross, J. J. (1998). Antecedent–and response–focused emotion regulation: divergent consequences for experience, expression, and physiology. *Journal of personality and social psychology, 74*(1), 224.

147. Lazarus, R. S., & Folkman, S. (1984). *Stress, appraisal, and coping.* Springer publishing company.

148. Clance, P. R., & Imes, S. A. (1978). The imposter phenomenon in high achieving women: Dynamics and therapeutic intervention. *Psychotherapy: Theory, research & practice, 15*(3), 241.

149. Brooks, A. W. (2014). Get excited: reappraising pre–performance anxiety as excitement. *Journal of Experimental Psychology: General, 143*(3), 1144.

150. Schwarz, N., & Clore, G. L. (1983). Mood, misattribution, and judgments of well—being: Informative and directive functions of affective states. *Journal of personality and social psychology, 45*(3), 513.

151. Taylor, S. E., & Lobel, M. (1989). Social comparison activity under threat: downward evaluation and upward contacts. *Psychological review, 96*(4), 569.

152. https://www.caa.go.jp/policies/policy/consumer_policy/meeting_materials/assets/internet_committee_221021_02.pdf&sa=D&source=docs&ust=1680627358566890&usg=AOvVaw1gYOzJryYrN90MjK17hYnw

153. Shah, A. M., Eisenkraft, N., Bettman, J. R., & Chartrand, T. L. (2016). "Paper or plastic?": How we pay influences post—transaction connection. *Journal of Consumer Research, 42*(5), 688—708.

154. Yang, S. S., Kimes, S. E., & Sessarego, M. M. (2009). $ or dollars: Effects of menu—price formats on restaurant checks.

155. Hull, C. L. (1932). The goal—gradient hypothesis and maze learning. *Psychological review, 39*(1), 25.

156. Kivetz, R., Urminsky, O., & Zheng, Y. (2006). The goal—gradient hypothesis resurrected: Purchase acceleration illusionary goal progress, and customer retention. *Journal of marketing research, 43*(1), 39—58.

157. Dunn, E. W., Gilbert, D. T., & Wilson, T. D. (2011). If money doesn't make you happy, then you probably aren't spending it right. *Journal of Consumer Psychology, 21*(2), 115—125.

158. Dunn, E., & Norton, M. (2014). *Happy money: The science of happier spending.* Simon and Schuster.

159. Rick, S. I., Pereira, B., & Burson, K. A. (2014). The benefits of retail therapy: Making purchase decisions reduces residual sadness. *Journal of Consumer Psychology, 24*(3), 373—380.

160. Mills, R. T., & Krantz, D. S. (1979). Information, choice, and reactions to stress: A

field experiment in a blood bank with laboratory analogue. *Journal of Personality and Social Psychology, 37*(4), 608.

161. Smith, C. A., & Ellsworth, P. C. (1985). Patterns of cognitive appraisal in emotion. *Journal of personality and social psychology, 48*(4), 813.

162. Cutright, K. M. (2012). The beauty of boundaries: When and why we seek structure in consumption. *Journal of Consumer Research, 38*(5), 775 – 790.

163. Rottenstreich, Y., & Hsee, C. K. (2001). Money, kisses, and electric shocks: On the affective psychology of risk. *Psychological science, 12*(3), 185 – 190.

164. Loewenstein, G. F., Weber, E. U., Hsee, C. K., & Welch, N. (2001). Risk as feelings. *Psychological bulletin, 127*(2), 267.

에필로그

165. Keller, P. A. (2006). Regulatory focus and efficacy of health messages. *Journal of Consumer Research, 33*(1), 109 – 114.

166. Sedikides, C. (1993). Assessment, enhancement, and verification determinants of the self – evaluation process. *Journal of personality and social psychology, 65*(2), 317.

167. Higgins, E. T. (1997). Beyond pleasure and pain. *American psychologist, 52*(12), 1280.

168. Crowe, E., & Higgins, E. T. (1997). Regulatory focus and strategic inclinations: Promotion and prevention in decision – making. *Organizational behavior and human decision processes, 69*(2), 117 – 132.

169. Higgins, E. T. (1998). Promotion and prevention: Regulatory focus as a motivational principle. In *Advances in experimental social psychology*(Vol. 30, pp. 1 – 46). Academic Press.

170. Schwartz, B., Ward, A., Monterosso, J., Lyubomirsky, S., White, K., & Lehman, D. R. (2002). Maximizing versus satisficing: happiness is a matter of choice. *Journal of personality and social psychology, 83*(5), 1178.

171. Weinstein, N. D. (1980). Unrealistic optimism about future life events. *Journal of personality and social psychology, 39*(5), 806.

172. Sharot, T. (2011). The optimism bias. *Current biology, 21*(23), R941−R945.

173. Zeelenberg, M., Beattie, J., Van der Pligt, J., & De Vries, N. K. (1996). Consequences of regret aversion: Effects of expected feedback on risky decision making. *Organizational behavior and human decision processes, 65*(2), 148−158.

174. Zeelenberg, M. (1999). Anticipated regret, expected feedback and behavioral decision making. *Journal of behavioral decision making, 12*(2), 93−106.

175. Tsiros, M., & Mittal, V. (2000). Regret: A model of its antecedents and consequences in consumer decision making. *Journal of consumer Research, 26*(4), 401−417.

176. Anderson, C. J. (2003). The psychology of doing nothing: forms of decision avoidance result from reason and emotion. *Psychological bulletin, 129*(1), 139.

177. Bell, D. E. (1982). Regret in decision making under uncertainty. *Operations research, 30*(5), 961−981.

178. Loomes, G., & Sugden, R. (1982). Regret theory: An alternative theory of rational choice under uncertainty. *The economic journal, 92*(368), 805−824.

179. Goldstein, N. J., Cialdini, R. B., & Griskevicius, V. (2008). A room with a viewpoint: Using social norms to motivate environmental conservation in hotels. *Journal of consumer Research, 35*(3), 472−482.

180. Allcott, H. (2011). Social norms and energy conservation. *Journal of public Economics, 95*(9−10), 1082−1095.

181. Allcott, H., & Rogers, T. (2014). The short−run and long−run effects of behavioral interventions: Experimental evidence from energy conservation. *American Economic Review, 104*(10) , 3003−3037.

182. Ebeling, F., & Lotz, S. (2015). Domestic uptake of green energy promoted by opt—out tariffs. *Nature Climate Change, 5*(9), 868–871.

183. Oracle Utilities (2019). Opower Behavioral Energy Efficiency. Retrieved from https://www.oracle.com/a/ocom/docs/industries/utilities/utilities—opower—energy—efficiency—cs. pdf

184. Johnson, E. J., & Goldstein, D. (2003). Do defaults save lives?. *Science, 302*(5649), 1338–1339.

185. Hasher, L., Goldstein, D., & Toppino, T. (1977). Frequency and the conference of referential validity. *Journal of verbal learning and verbal behavior, 16*(1), 107–112.

186. Cialdini, R. B., & Trost, M. R. (1998). Social influence: Social norms, conformity and compliance. In D. T. Gilbert, S. T. Fiske, & G. Lindzey (Eds.), The handbook of social psychology (pp. 151–192). McGraw—Hill.

187. https://www3.weforum.org/docs/WEF_GGGR_2022.pdf&sa=D&source=docs&ust=1680648249603371&usg=AOvVaw3Dyrp95ZaDCg7KMwBU1Lq4

188. Macrae, C. N., & Bodenhausen, G. V. (2000). Social cognition: Thinking categorically. *Annual review of psychology, 51*, 93–120.

189. Goldin, C., & Rouse, C. (2000). Orchestrating impartiality: The impact of "blind" auditions on female musicians. *American economic review, 90*(4), 715–741.

190. Slovic, P. (1987). Perception of risk. *Science, 236*(4799), 280–285.

옮긴이_**김대환**

대학에서 일본학을 전공하고 출판사에서 편집자로 근무했다. 현재 전문 번역가와 출판 기획자로 활동 중이다. 주요 역서로 《세계 최고의 인재들은 왜 기본에 집중할까》《세계 최강의 도요타류》《맛있어서 잘 팔리는 것이 아니다, 잘 팔리는 것이 맛있는 요리다!》《스마트한 당신의 유감스러운 사고방식》 등이 있다.

행동경제학

1판 1쇄 인쇄 2024년 6월 3일
1판 1쇄 발행 2024년 6월 7일

지은이   사가라 나미카
옮긴이   김대환
펴낸이   김대환
펴낸곳   도서출판 잇북

디자인   d.purple

주소   (10908) 경기도 파주시 소리천로 39, 파크뷰테라스 1325호
전화   031)948-4284
팩스   031)624-8875
이메일   itbook1@gmail.com
블로그   http://blog.naver.com/ousama99
등록   2008. 2. 26 제406-2008-000012호

ISBN 979-11-85370-75-0 03320